GUERRE

FRANCO-ALLEMANDE

RÉSUMÉ ET COMMENTAIRES.

PARIS. — IMPRIMERIE DE L. BAUDOIN ET Cᵉ, RUE CHRISTINE. 2.

GUERRE
FRANCO-ALLEMANDE

RÉSUMÉ ET COMMENTAIRES

DE L'OUVRAGE DU GRAND ÉTAT-MAJOR PRUSSIEN

PAR

Félix BONNET

CAPITAINE AU 3ᵉ RÉGIMENT D'ARTILLERIE

TOME TROISIÈME

Accompagné de six planches

PARIS

LIBRAIRIE MILITAIRE DE L. BAUDOIN ET Cᵉ

LIBRAIRES-ÉDITEURS

SUCCESSEURS DE J. DUMAINE

30, Rue et passage Dauphine, 30

1883

LA

GUERRE FRANCO-ALLEMANDE

RÉSUMÉ ET COMMENTAIRES

CHAPITRE PREMIER.

OPÉRATIONS AU SUD DE LA SEINE. — COMBATS DE VENDOME
ET DE NUITS.

Nous avons vu la deuxième armée de la Loire, après
quatre jours de lutte acharnée, se retirer sur Vendôme, et de là sur le Mans, sans être inquiétée dans
cette longue et pénible retraite. Elle était pour le moment hors de combat. L'ennemi était parvenu au
Nord jusques à Rouen, au sud jusques aux portes de
Tours d'une part, jusques à Dijon de l'autre, pendant
que deux armées bloquaient la capitale. Obligé d'occuper une grande partie du terrritoire, ayant ses
communications avec l'Allemagne entravées, soit par
la destruction des voies ferrées, soit par les places
restées en notre pouvoir, il sentait le besoin de limiter nettement son action, et de ne point s'embarquer
à la légère dans des expéditions lointaines qui accroî-

traient à la fois ses charges et ses périls sans profits bien certains. L'ordre du 17 décembre prescrivait en conséquence, aux commandants des Ier et IIe armées de grouper leurs forces en des points convenablement choisis, dont ils dégageraient les abords immédiats, et où ils attendraient que l'adversaire paraisse en rase campagne pour se porter au-devant de lui. La IIe armée devait occuper Orléans, Blois et Gien ; la subdivision d'armée du grand-duc se concentrer autour de Chartres quand elle aurait cessé la poursuite de l'armée de la Loire.

Comme nous l'avons vu, cette poursuite était loin d'être active. Le même jour, 17 décembre, la 22e division, la 4e brigade bavaroise et la 3e brigade de cavalerie recevaient l'ordre de passer le Loir et de prendre position sur la route de Vendôme à Chartres. Trouvant les ponts rompus devant elle, à Pezou et à Fréteval, la 22e division remontait vers le Nord à Saint-Hilaire-la-Gravelle. La brigade bavaroise marchait sur la route de Saint-Calais, et ses patrouilles allaient jusques à Danzé sans rencontrer aucun adversaire. L'ennemi, fatigué des combats incessants qu'il soutenait depuis six semaines, renonçait alors à la poursuite. La 22e division se cantonnait à Cloyes, la 4e brigade bavaroise à Fréteval. Sur la rive gauche du Loir, la 2e division de cavalerie, à Oucques, maintenait la liaison avec le Xe corps resté à Vendôme, et la 4e avec les troupes de la 5e division placées plus au nord. Cette dernière avait reçu du grand quartier général l'ordre de harceler notre retraite et des indications assez précises sur la direction que nous suivions. Pendant six jours la division battait le pays dans tous les sens sans parvenir à établir le contact. Deux fois seulement, à Droué, près de Mondoubleau, et à Semur, elle découvrait nos colonnes, et se heurtait à une résistance très vive sans parvenir à aucun résultat. Le 21, le grand-duc entamait son mouvement sur Chartres, où il prenait ses cantonnements. Ses troupes en avaient le plus grand besoin, tant pour remettre en état leurs effets de toute nature que pour renforcer leurs effectifs par l'incorporation des renforts arrivés d'Allemagne. La 17e division ne comptait plus que 6,300 fantassins, et la 22e, 5,871.

Ces deux divisions réunies étaient, par un ordre du quartier général, érigées en XIIIe corps sous les ordres du grand-duc de Mecklembourg. Il remplaçait l'ancien XIIIe corps formé au commencement de la campagne par la 17e division et la 2e de landwehr qui avaient été dissoutes.

Combat de Sougé.

Pendant que le gros de l'armée de la Loire se refaisait au Mans, deux corps commandés par les généraux Jouffroy et Rousseau étaient chargés par le général Chanzy d'opérer entre la Sarthe et le Loir, de manière à maintenir le contact et à inquiéter l'ennemi. En même temps les francs-tireurs continuaient leur guerre de partisans quelquefois avec succès.

Du côté de la IIe armée, la 20e division avait marché le 18 de Vendôme sur Épuisay. Une longue fusillade s'était engagée à la suite de laquelle elle parvenait jusqu'à Cazay, ayant enlevé un certain nombre de prisonniers et une assez grande quantité de fusils et d'équipements abandonnés. La poursuite était ensuite laissée à la cavalerie, qui n'arrivait à rien de sérieux.

Le 19, une colonne composée de deux brigades d'infanterie, huit escadrons et six batteries, exécutait une pointe sur Tours, sur le commandement du général de Woyna. Arrivée à Monnaie, elle rencontrait un petit détachement commandé par le général Ferri-Pisani, et parvenait à le disperser non sans éprouver des pertes. Les uhlans chargeant sur des fuyards étaient reçus par eux à trente pas par un feu meurtrier qui les contraignait à rétrograder. Le 21, la colonne arrivait en vue de Tours et prenait position autour de la ville. Quelques obus tirés sur le pont dispersaient la foule. Mais l'ennemi ne jugeait pas à propos d'entrer dans la ville, la tête de colonne rétrogradait sur Autrèche et Herbaut.

Le 26, le colonel de Boltenstern était chargé de descendre le Loir avec deux bataillons, un escadron et quatre pièces, afin de s'assurer de la force de certaines troupes qui avaient paru à Montoire. Ces troupes appartenaient au général Jouffroy. Le colonel de Boltenstern laisse deux compagnies à la garde du Pont-des-Roches, occupe Troo après quelques coups de fusil, y laisse deux nouvelles compagnies et marche sur Sougé. De son côté, le général Jouffroy avait dirigé deux bataillons et une batterie sur les Roches, un bataillon et une batterie sur Troo, tandis que deux bataillons et une batterie marchaient sur la route de Montoire. La tête de colonne allemande est reçue à Sougé par une vive fusillade qui la contraint à rétrograder sur Troo, elle met ses pièces en batterie près de Saint-Quentin et se défend avec acharnement pendant deux heures. Mais alors elle est prise à revers et complètement cernée par l'arrivée de l'autre colonne. L'ennemi était alors contraint de s'ouvrir une trouée au prix d'une mêlée furieuse. Il parvenait à sauver ses deux pièces ; mais il laissait deux caissons et sept voitures. On le poursuivait jusques à Montoire qu'il évacuait dans la soirée. Les deux compagnies laissées aux Roches parvenaient à rejoindre, mais en laissant de nombreux prisonniers entre nos mains.

Combat de Vendôme et réflexions.

Le 30 décembre, le général Jouffroy exécutait une reconnaissance offensive sur Vendôme. Il avait sous ses ordres neuf régiments d'infanterie, deux de cavalerie et plusieurs bataillons de chasseurs à pied. Le rassemblement de ces troupes s'était fait les jours précédents et avait éveillé l'attention de l'ennemi qui, de son côté, avait réuni sous Vendôme onze bataillons, trois régiments de cavalerie et six batteries. Le 31, les forces françaises, formées en deux colonnes principales, se dirigeaient sur Vendôme : la première marchait par Azay, Espéreuse et Bel-Air, sous les ordres du colonel Marty ; la deuxième par Epuisay et Danzé, sous les ordres du colonel Thierry. Pendant ce temps, une colonne légère devait franchir le Loir à Lisle pendant que les éclaireurs algériens, le franchissant à Montoire, iraient couper les routes de Blois et d'Oucques.

De son côté, l'ennemi dirigeait sur la route d'Azay quatre bataillons, deux escadrons et dix bouches à feu, sous les ordres du général Diringshofen. Deux colonnes latérales marchaient, l'une par la forêt de Vendôme, l'autre sur le gué du Loir.

Le général de Diringshofen se heurtait de bonne heure contre le 66e mobiles. Le feu s'engage le long du ruisseau d'Azay et près de la ferme de la Mérillière. Un bataillon ennemi prononce son attaque par la route ; mais il est arrêté par l'apparition de nos forces sur son flanc gauche, auxquelles l'ennemi oppose un bataillon posté au bois de Villechatin. En ce moment l'ennemi apprenait que d'autres troupes parties d'Azay se dirigeaient sur Vendôme en prenant par Espéreuse. C'était le 38ᵉ de marche qui avait pris par ce chemin. Le général de Kraatz, reconnaissant alors que nous étions en forces, donnait entre midi et une heure l'ordre de la retraite sur Vendôme. Elle s'effectuait couverte par un bataillon déployé au nord de Huchepie. La fusillade durait pendant plus de deux heures, au bout desquelles l'artillerie française ayant enfin pris position, nos troupes purent se réunir et exécuter une charge brillante à la suite de laquelle le château de Bel-Air fut enlevé par elles. L'ennemi, débordé sur son flanc gauche, fut contraint de se rabattre sur la ligne du chemin de fer.

Vers trois heures, le 66ᵉ mobiles était parvenu à rejeter l'ennemi sur les pentes du Loir. On charge alors sur toute la ligne ; quelques fractions de combattants pénètrent dans les premières maisons de Vendôme, et l'on parvient à enlever les Tuileries ; néanmoins l'ennemi résiste toujours le long du chemin de fer. Vers quatre heures, le général Jouffroy ordonne une nouvelle attaque générale, et la lutte continue jusques à la nuit. Nos troupes couchaient sur le terrain conquis, tandis que l'ennemi, craignant de nouvelles attaques continuait à canonner toutes les routes qui aboutissent à Vendôme.

Pendant la nuit, les deux adversaires recevaient la nouvelle de ce qui s'était passé à Danzé. Le colonel Thierry, qui marchait de ce côté, s'était heurté au colonel de Lüderitz. Dès le commencement de l'affaire, une de nos batteries, vigoureusement attaquée par l'infanterie ennemie, était contrainte de reculer en abandonnant une pièce et un avant-train, sa troupe de soutien ayant été écrasée par des feux rapides. L'ennemi n'avait employé que deux pelotons à cette attaque. Encouragé par ce succès, il se rabat sur une batterie voisine placée au nord de la route. Celle-ci est obligée de rétrograder en abandonnant deux pièces et un avant-train. Le capitaine de cette batterie meurt glorieusement en défendant ses pièces. Notre infanterie, démoralisée par cet échec, cède Danzé sans grande résistance, et à une heure rétrograde sur Vendôme.

A la nouvelle de ce revers, le général Jouffroy, ignorant que l'ennemi s'était retiré de lui-même, était pris de craintes pour son flanc gauche, et à deux heures du matin il ordonnait la retraite, qui s'effectuait sans être inquiétée.

Ce combat nous présente un exemple de deux batteries d'artillerie enlevées par un très petit nombre de fantassins, après que la troupe de soutien avait été contrainte de se retirer. On voit combien l'artillerie est impuissante à se défendre contre ces petites troupes. C'est surtout vrai pour l'ancien calibre de 4, dont la trajectoire est peu tendue.

La retraite fut ordonnée prématurément et pour des craintes vaines. Le flanc gauche de nos troupes n'était pas menacé; et après notre succès de la journée, c'était nous qui menacions le flanc gauche du colonel Lüderitz. Dans ces cas, le vaincu est presque toujours celui qui s'imagine l'être.

Pendant ce temps, un nouveau corps comprenant 10,000 hommes d'infanterie, 8 escadrons de cavalerie et 4 batteries d'artillerie, occupait Châteaurenaud sous les ordres du général de Curten.

En amont d'Orléans, les derniers jours de l'année avaient été signalés par divers engagements sur la route de Nevers, à Bonny et à Nevoy. Les reconnaissances prussiennes y avaient à se défendre contre des forces nombreuses. D'autre part, on signalait dans la Sologne des troupes en marche vers le Nord. L'état-major général rapprochant ces faits du combat de Vendôme arrivait à penser que nous tenterions de déboucher sur Paris par deux voies ; la 1re armée de la Loire venant de Bourges et la 2e venant du Mans. Il songeait donc à profiter de la position des troupes allemandes pour se porter tour à tour sur l'adversaire le plus dangereux. Le 1er janvier, le roi donnait au prince Frédéric-Charles l'ordre de marcher contre nos troupes à l'ouest du Loir, pendant que la 1re armée de la Loire serait contenue par le VIIe corps renforcé d'une partie des troupes du blocus de Paris.

Du côté de l'est, le VIe corps s'était porté à Châtillon-sur-Seine. Il recevait là plusieurs ordres contradictoires, reflétant l'indécision du grand état-major, produite par l'ignorance où il était de la position de la 1re armée de la Loire. Le dernier ordre reçu le cantonnait sur les bords de l'Armançon où il attendait pour intervenir, suivant les circonstances, sur la Saône ou sur la Loire.

Combat de Nuits.

Le général de Werder continuait à observer, les rassemblements qui se faisaient au sud de Dijon. Il avait ordre d'agir d'une façon énergique contre toute concentration de troupes. Langres était une gêne considérable sur ses derrières. Cette place, commandée par un officier d'une énergie et d'une intelligence rares, prenait chaque jour une valeur défensive plus considérable par les travaux de toute sorte qu'on y exécutait malgré le froid. Les troupes qui y étaient enfermées montaient à près de 17,000 hommes. Dans la prévision d'un siège, le commandant de place songeait à leur donner d'avance la solidité dont elles manquaient. De petites expéditions combinées avec soin, pour que le succès en fût certain, avaient été faites contre les troupes d'étape, et chaque jour la garnison devenant plus audacieuse et plus confiante dans ses forces, étendait le rayon de ses opérations. Aussi le général de Werder recevait-il l'ordre de mettre un terme à ces coups de main incessants.

En exécution de cet ordre, le général von der Goltz dirigeait sur Langres deux colonnes composées chacune d'un régiment d'infanterie et d'un de cavalerie. Le 16 décembre, un engagement avait lieu à Longeau et Verseilles-le-Haut. La garnison, qui avait mis environ 2,000 hommes sur pied, n'opposait qu'une faible résistance, et se repliait sur la place après une perte de 200 hommes hors de combat, 80 prisonniers et deux bouches à feu. Les Allemands n'avaient que 4 morts et 14 blessés. Si l'on songe à la quantité de cartouches brûlée probablement par nos jeunes troupes pour obtenir un aussi faible résultat, on verra bien qu'il n'y a de résistance possible qu'avec une armée solidement instruite. Dans ce combat, nos troupes avaient lancé 50 kilogrammes de plomb par homme atteint.

Le 18 seulement, les troupes prussiennes passaient du côté nord de la place et repoussaient sous les murs de Langres les gardes mobiles cantonnés dans les villages. La place était sommée le 18, et le 23 l'ennemi prenait ses dispositions pour un bombardement.

Plus au sud, au-dessous de Dijon, le pays paraissait évacué par les troupes françaises. Le général de Werder, voulant se renseigner sur ce qu'elles étaient devenues, ordonnait une reconnaissance sur Nuits. Elle était exécutée le 18 décembre par les 1re et 2e brigades badoises, partagées en plusieurs colonnes, 7 escadrons de cavalerie et 6 batteries. Nuits était occupé par un détachement de la division Cremer, en formation à Beaune. A la nouvelle de l'approche de l'ennemi, le général Cremer prenait ses positions, la gauche à la Fontaine-de-Vosne, le centre à Nuits et Boncourt, la droite vers Premeaux jusqu'au bois de Vernot. Son artillerie était placée sur la hauteur de Chaux, placée à l'ouest de Nuits, à gauche du chemin de fer de Lyon. La voie ferrée, qui court du sud au nord, et les fermes de la Berchère, étaient fortement occupées. En même temps qu'il prenait ces dispositions, le général Cremer faisait venir de Beaune, par le chemin de fer, le restant de sa division.

Le gros des Prussiens venait sur notre droite, par Soulon, la Rue et Epernay; un bataillon et un escadron suivaient la grande route par Vougeot; un bataillon était dirigé sur Concœur, hauteur qui est directement au nord de celle de Chaux dont nous avons déjà parlé; enfin deux bataillons et une batterie venaient par Curley et Villers-Fontaine.

L'affaire s'engage devant Boncourt avec l'avant-garde prussienne. Après un combat assez vif, nous sommes contraints d'abandonner le village de Boncourt et la ferme de la Berchère; mais nos troupes tiennent obstinément le long de la tranchée du chemin de fer. L'artillerie allemande se déploie des deux côtés de la route de Boncourt à Nuits ; elle est contre-battue par la nôtre, et l'infanterie ennemie est tenue en respect. Ses efforts sont totalement impuissants. Le général de Glümer renforce alors sa ligne de 3 bataillons du 2e régiment, puis de 2 compagnies du 3e et de 5 escadrons de dragons, et ordonne l'attaque générale. Le combat devient alors d'une vivacité extrême ; l'infanterie prussienne avance par bonds successifs, mais au prix de pertes cruelles. Un grand nombre d'officiers supérieurs sont atteints. Les généraux de Glümer, le prince Guillaume de Bade, sont blessés ; le colonel de Renz, qui remplace le prince de Bade dans son commandement, est percé de trois balles. Vers quatre heures, la mêlée devient furieuse. Les Prussiens tentent en vain d'attaquer par le sud. Peu à peu cependant nos troupes sont contraintes de se retirer dans la ville, que l'ennemi fait canonner. Vers cinq heures du soir seulement nous battions en retraite.

A notre gauche, la colonne qui venait par Villers-Fontaine attaqua en vain le coteau de Chaux. Elle battit en retraite sur Perrigney dans un désordre complet. La cavalerie qui avait attaqué notre aile droite avait été repoussée de même.

L'ennemi avait perdu 900 hommes et nous 1,000, auxquels il faut ajouter 700 prisonniers environ. Le lendemain, les deux partis battaient en retraite, l'un sur Beaune, l'autre sur Dijon. Cette sanglante affaire n'avait pas de suites.

Les jours suivants se passaient dans un calme relatif. Mais vers le 25 des bruits de sources diverses portaient l'ennemi à croire à une attaque prochaine dans la région de l'est. On lui annonçait successivement l'arrivée de troupes de Lyon, de Bourges, de Nevers. Il savait qu'on attendait 70,000 hommes à Besançon.

Ces bruits, quoique incertains, poussaient le général de Werder à concentrer ses troupes à Vesoul. Les troupes devant Langres quittaient les environs de cette place et venaient se concentrer au nord de Vesoul. Dijon était évacué ; les troupes qui en arrivaient cantonnées au sud-est de Vesoul, et la brigade badoise à Gray. Le 31, à la suite de diverses reconnaissances annonçant que le pont de l'Isle-sur-Doubs était détruit, qu'une forte colonne, infanterie et cavalerie, avait été aperçue à Beaume-les-Dames, les Badois laissés à Gray se rapprochaient de Vesoul. Néanmoins, le 1er janvier, l'état-major général annonçait au général de Werder qu'il ne fallait pas s'attendre à une percée entre Besançon et Belfort, et lui ordonnait de réoccuper Dijon et d'observer Langres. Mais de nouveaux événements empêchaient l'exécution de cet ordre.

CHAPITRE II.

Force de l'armée du Nord.

Dans le nord de la France, le général Faidherbe avait succédé au général Bourbaki, et était parvenu à organiser deux corps d'armée qui portaient les numéros 22 et 23. Rompant avec les règles suivies jusques alors, ils ne comptaient que deux divisions d'infanterie chacun, ce qui, comme nous l'avons dit, est gênant pour la constitution d'une réserve entre les mains du général en chef. La composition de cette infanterie était variable et consistait en régiments de marche, accouplés à des régiments de garde mobile. La 2ᵉ division du 23ᵉ corps était tout entière formée par des gardes nationales mobilisées. A chaque division étaient attachées trois batteries, sauf pour la 2ᵉ division du 21ᵉ corps qui n'en avait que deux. Le quartier général avait, en outre, à sa disposition 16 bouches à feu. Cela faisait en tout 82 bouches à feu dont 12 de montagne.

En fait de cavalerie, la pauvreté était extrême. On ne possédait que deux escadrons de dragons et deux de gendarmerie, que le général en chef gardait sous sa main.

Cette petite armée comptait environ 43 mille

hommes. Les brigades étaient commandées par des colonels, les divisions par des généraux de brigade, les corps d'armée par des généraux de division, tous également promus depuis quelques jours.

L'apparition de cette armée inquiéta bientôt les Allemands. L'enlèvement du fort de Ham, dont nous avons déjà parlé, une reconnaissance exécutée sur La Fère déterminèrent le général de Manteuffel à abandonner Rouen et le Havre, et à concentrer ses troupes autour d'Amiens. Même par un faux mouvement l'ennemi évacua un instant la ville, mais en gardant la citadelle. A l'arrivée du général de Manteuffel, une brigade réoccupait la ville et le VIIIᵉ corps tout entier se concentrait sous ses murs. Le 20 décembre, pour s'éclairer sur la présence de l'armée du Nord, on dirigeait une reconnaissance sur Querrieux, village au nord-est d'Amiens. Cette reconnaissance, composée d'un bataillon, un escadron et une batterie, arrivait en vue du village et se déployait sur la lisière d'un petit bois. Immédiatement deux bataillons garnissaient les abords du village et après une courte fusillade dessinaient une attaque devant laquelle l'ennemi rétrogradait par la ferme des Alençons. Les renseignements fournis par cette reconnaissance permettaient d'ordonner les opérations.

L'armée du général Faidherbe s'était en effet portée sur Amiens, dans l'espoir, qui s'était réalisé, d'attirer l'ennemi à elle et de le forcer à réduire sa zone d'occupation. Elle avait bordé la ligne de l'Hallue. Cette rivière, qui coule du nord au sud, est un affluent de la Somme. La rive orientale, qu'occupait le général Faidherbe est marquée par des hauteurs qui dominent la rive occidentale. Les ponts de la Somme ayant été coupés, l'armée était garantie au sud sur son flanc gauche. Elle présentait un front solide ; car non seulement la rive gauche que nous occupions domine la rive droite, mais les bords de la rivière sont couverts de villages qui sont excellents pour la défensive. Dans ce pays très peuplé, tous ces villages se touchent, et se trouvent face à face sur les deux rives. Cette ligne, longue de 12 kilomètres, était occupée par le 22ᵉ corps qui s'étalait de Daours au confluent de la Somme jusqu'aux villages de Contay et de Vadencourt se faisant face, qu'il occupait par son extrême droite. Le centre de la ligne était marqué par les villages de Querrieux sur la rive droite, et de Pont-Noyelles sur la rive gauche. En cas de combat, le 22ᵉ corps devait évacuer Daours et le village de Bussy, qui lui fait face. Sa 1ʳᵉ division devait occuper, au centre, Querrieux et Pont-Noyelles, ainsi que le village de Fréchencourt, un peu plus à droite. La 2ᵉ division devait défendre Béhencourt, Bavelincourt, Contay et Vadencourt. Le 23ᵉ corps devait mettre une de ses divisions à l'extrême gauche, c'est-à-dire à Daours et Bussy, évacués par le 22ᵉ corps, et la 2ᵉ division à l'extrême droite pour concourir à la défense de Contay et de Vadencourt. En attendant le jour du combat, le 23ᵉ corps était cantonné avec le quartier général à Corbie sur la Somme à 3 kilomètres de Daours.

Le général de Manteuffel n'avait sous la main que le VIIIᵉ corps. Il pouvait, en attendant quelques jours, se renforcer de la 3ᵉ division de réserve venant de Mézières, d'une brigade de cavalerie de la garde qui venait d'être cédée à la 1ʳᵉ armée, enfin de six bataillons que le 1ᵉʳ corps avait reçu l'ordre d'expédier sur Amiens. Mais pour se conformer aux prescriptions de l'état-major général qui ordonnait de prendre une offensive brusque et énergique contre tout rassemblement en rase campagne, il donnait l'ordre d'attaquer le 23. Il employait l'après-midi du 21 à rétablir sous les murs d'Amiens les deux passages sur la Somme à la Neuville et à Camon, et prescrivait dans la soirée les mesures de détail. Une revue d'effectif passée la veille lui avait fait connaître qu'il avait sous la main pour le combat du lendemain 22,662 fantassins, 2,314 chevaux et 108 bouches à feu. Ce chiffre représentait le VIIIᵉ corps et la 3ᵉ brigade d'infanterie qui avait réoccupé Amiens quelques jours auparavant.

Le plan de bataille adopté par le général ennemi était la reproduction exacte de celui de Saint-Privat. Le VIIIᵉ corps devait porter une division sur les routes de Daours et de Querrieux, et nous maintenir de front pendant que l'autre division se dirigerait vers le nord, puis se rabattrait à droite pour tourner notre aile droite. L'artillerie de corps était répartie entre les deux divisions. Le général de Manteuffel conservait pour réserve la 3ᵉ brigade, qui avait ordre de sortir d'Amiens et de prendre position sur la route de Querrieux. Une manœuvre pareille, qui répartissait les troupes sur une longueur de 12 kilomètres à raison de deux hommes par mètre courant, n'était possible qu'en face de troupes aussi inexpérimentées que les nôtres. Devant toutes autres elle aurait conduit à un désastre.

Bataille de Pont-Noyelles ou de l'Hallue.

Le 23 décembre au matin, par une belle gelée, la 15ᵉ division d'infanterie franchissait les ponts de la Somme à Neuville et Camon. La 29ᵉ brigade tenait la tête, présentant le flanc aux positions françaises, mais hors de leur portée. Le mouvement s'exécutait sans obstacle de notre part, car nos postes avancés avaient été retirés ; nous ne gardions que les villages situés sur l'Hallue, et la 29ᵉ brigade, faisant face à droite, s'étalait sur une longueur de 5 kilomètres, laissant des troupes devant Bussy-lès-Daours, tandis que la tête s'acheminait sur Querrieux. Elle avait l'ordre d'attaquer les villages de la rive droite, et d'attendre, pour passer sur la rive opposée que la 16ᵉ division eût prononcé son attaque contre notre aile droite.

De notre côté, la marche de l'ennemi avait été signalée, et nos troupes prenaient les postes de combat qui leur étaient assignés. Nous avons vu que les positions de l'extrême gauche, c'est-à-dire Daours et Bussy-lès-Daours, devaient être évacuées par le 22ᵉ corps, et occupées par une division du 23ᵉ. Cette division n'arrivait de Corbie qu'assez tard, de façon qu'au début le 22ᵉ corps était obligé de s'étendre beaucoup en attendant l'arrivée des troupes qui devaient relever sa gauche.

Le feu commençait vers 11 heures 1/2 devant Querrieux. Quatre batteries prussiennes foudroient ce village, et vers une heure, deux bataillons l'enlèvent avec une certaine facilité ; car nos troupes avaient ordre de ne pas s'obstiner à la défense de la rive droite, et de réserver tous leurs efforts pour le pied des hauteurs de notre côté. A la même heure, le village de Bussy-lès-Daours était enlevé de même. Il s'engageait alors, entre les deux rives, une lutte d'artillerie dans laquelle nous avions le dessus, si bien que les Allemands étaient obligés de renforcer leur ligne en y appelant trois batteries à cheval. Les Prussiens, ainsi renforcés, attaquent Vecquemont pour appuyer leur droite à la Somme. La lutte devient extrêmement

vive ; le général Manteuffel, voyant arriver sur ce
point les troupes du 23ᵉ corps, appelle à son secours
les troupes laissées sur les derrières à la garde du
pont de Lamothe-Brébière. Ces troupes, comprenant
deux bataillons, une batterie et un escadron, étaient
arrivées de Rouen dans la matinée, par le chemin de
fer. Grâce à ce renfort, l'ennemi s'emparait du village, ce qui lui procurait un appui solide. Ainsi
presque toutes les positions de la rive droite étaient
simultanément enlevées. Les Allemands attaquaient
alors la rive gauche, mais ici ils se heurtaient à une
résistance opiniâtre.

Cependant les Allemands avaient franchi la rivière
en face de Querrieux et établi quatre bataillons à
Pont-Noyelles sur l'autre rive. Le combat était acharné
autour du village, et l'ennemi ne pouvait en sortir.
Vers 3 heures 1/2, comptant sur l'effet d'une diversion que l'on avait ménagée, il se forme en avant du
village et monte à l'attaque des hauteurs. Son premier élan l'amène presque sur le plateau ; mais là une
charge impétueuse des mobiles de Seine-et-Marne
le rejette sur les pentes et de là sur Pont-Noyelles in-
cendié par les obus. Deux pièces qui nous avaient été
enlevées sont reprises. La diversion tentée avait été
sans effet. Elle avait été confiée à la 30ᵉ brigade, qui
avait reçu l'ordre de tourner Pont-Noyelles en remontant la rivière. La brigade s'était avancée dans la
direction de Fréchencourt à près de 3 kilomètres de
Querrieux et de Pont-Noyelles. Ainsi, au lieu de renforcer son front, évidemment trop faible, l'ennemi
s'étendait encore. Aussi lorsque la brigade cherchait
à se rabattre à droite pour prendre en flanc notre
ligne, elle ne pouvait y parvenir et se trouvait forcée
de faire front. Ce n'était qu'avec beaucoup de peine

qu'elle parvenait à s'emparer de Fréchencourt sur la rive droite, et ne parvenait pas à en déboucher. En résumé, vers quatre heures, la rivière séparait les deux armées.

La 16e division avait, comme nous l'avons dit, remonté vers le Nord. Vers 3 heures seulement elle entrait en ligne près de Béhencourt et engageait le combat à Béhencourt et Beaucourt, dont elle s'emparait. Mais toutes ses tentatives étaient vaines pour déboucher sur la rive gauche. L'artillerie allemande, établie trop loin, tirait sans aucun succès. De ce côté comme de l'autre, à 4 heures du soir, la rivière séparait les combattants.

La nuit arrivait déjà, lorsque le général Faidherbe tentait une attaque générale pour revenir sur la rive droite. Elle était faite vigoureusement sur toute la ligne, et nos bataillons pénétraient à nuit tombée dans Bavelincourt, Pont-Noyelles et Daours. La lutte se prolongeait dans les ténèbres jusques à 6 heures du soir. Mais nous ne parvenions à nous maintenir qu'à Bavelincourt.

Les deux armées passaient la nuit sur le champ de bataille, à la lueur des villages incendiés. Le froid était intense, et nos troupes trop mal vêtues eurent beaucoup à souffrir. Le lendemain, le général Faidherbe jugeant qu'il ne pouvait imposer de nouvelles fatigues à son armée ordonnait la retraite, et l'armée rentrait dans ses cantonnements sans être inquiétée par les Allemands. Les deux partis s'attribuaient la victoire. Les Français avaient perdu 5 officiers et 141 hommes tués, 45 officiers et 905 hommes blessés et un millier de disparus. Les Allemands avaient perdu 157 morts et 716 blessés. Le rapport de ces deux chiffres est de $\frac{1}{5}$. Pour les Français, ce rapport était de $\frac{1}{6,5}$, ce qui s'explique par la supériorité de la position que nous occupions.

Réflexions sur la bataille de Pont-Noyelles.

La position occupée par le général Faidherbe était excellente, mais trop étendue. Douze kilomètres occupés par 41,000 hommes donnent une densité de $3^h,4$. Sans doute la nature des lieux, parsemés de villages, favorisait la défense et permettait de réduire la densité normale que nous avons trouvée ailleurs devoir être de 7,5. Mais la réduction était certainement trop forte. La répartition des troupes péchait encore ; car nous avons vu qu'au moment du combat le 22ᵉ corps devait abandonner les positions qu'il occupait à Daours par sa gauche, et être remplacé par une division du 23ᵉ corps. Ce remplacement se fit un peu tard, comme nous l'avons vu ; il eût certainement mieux valu que le 23ᵉ corps occupât à l'avance les positions qui lui étaient assignées. En outre, ce corps fut complètement disloqué ; tandis que sa 1ʳᵉ division combattait à l'extrême gauche à Daours, sa 2ᵉ servait de réserve à l'extrême droite et prenait part au combat devant Béhencourt. Si le corps eût été composé de trois divisions, comme ceux de l'armée de la Loire, cet inconvénient eût été atténué ; le général en chef aurait pu se garder une réserve sans détruire le commandement du corps d'armée.

Ce fut encore à tort que le général en chef ordonna de céder les villages de la rive droite ou du moins de ne pas y opposer toute la résistance possible. En les abandonnant on fournissait à l'ennemi un point d'appui et un abri dont il userait contre nous. En outre on s'interdisait à soi-même tout moyen de passer à son tour la rivière, si les péripéties de la bataille amenaient à le désirer. C'est un point tellement important qu'à la première bataille de Polotsk, nos troupes avaient été repoussées sur la rive gauche de la Polota, et le soir étant venu, l'affaire pouvait être regardée comme terminée lorsque le maréchal Oudinot ayant été blessé, Gouvion Saint-Cyr prit le commandement. Celui-ci n'hésita pas, malgré l'heure avancée, à reprendre le combat pour prendre pied sur la rive gauche. « Car, bien qu'une position dont une petite rivière couvre le front soit en général jugée excellente, elle ne le devient réellement que lorsqu'on est complètement maître des deux rives et que l'on occupe les moulins et autres usines qui peuvent s'y trouver, et qui seraient de nature à favoriser le passage, afin de s'en servir, suivant les circonstances, pour se défendre ou attaquer soi-même en débouchant sur l'ennemi. En effet, il est fort difficile de défendre une position qui ne permet pas de prendre l'offensive quand on le juge convenable. » Joignant l'exemple au précepte, Gouvion Saint-Cyr montra dès le lendemain, par les manœuvres les plus habiles et les plus sages, tout le profit que l'on peut tirer d'une semblable position.

Le général Manteuffel, de son côté, commit une faute plus grave en étendant sur une longueur de 12 kilomètres ses 25,000 hommes destinés, d'après les ordres donnés, à une offensive résolue. Cela le conduisait à attaquer avec une densité de 2 hommes par mètre courant, or nous avons vu qu'il en faut bien davantage même pour la défensive. Bien que le général Faidherbe se fût trop étendu lui-même et que ses troupes fussent loin d'avoir la valeur des troupes alle-

mandes, le général Manteuffel poussait trop loin la
confiance. Le mouvement tournant de la 16e division
lui faisait exécuter devant nos positions un mouvement de flanc qui eût pu lui devenir fatal. De plus, la
trop grande étendue donnée à cette diversion amenait
la division à ne prendre part au combat qu'à 3 heures
du soir, ce qui est bien tard pour une journée d'hiver.
Que serait-il arrivé si le général Faidherbe, informé
à temps par sa cavalerie de ce mouvement excentrique, eût débouché en forces de Querrieux vers
une heure de l'après-midi? Malheureusement le général Faidherbe n'avait pas de cavalerie et ne pouvait
savoir où étaient les réserves de l'ennemi.

Le lendemain 24, le VIIIe corps franchissait l'Hallue,
tandis que la 3e brigade qui avait formé réserve la
veille se portait sur Corbie. Encore une fois, comme
il est arrivé presque à toutes les batailles, les Allemands perdaient le contact et ne parvenaient pas à
savoir dans quelle direction s'était retirée l'armée
qu'ils venaient de combattre. Leurs troupes mobiles
exploraient la contrée jusqu'auprès d'Arras. Mais
elles ne se hasardaient pas au-delà parce que d'autres
troupes se montraient dans la Seine-Inférieure. On
doit cependant mentionner une course du 4e escadron de hussards de la garde qui, le 31 décembre, se
portait de Fives sur l'Escaut, coupait à Iwuy, au nord
de Cambrai, la ligne ferrée et rentrait le même jour
dans ses cantonnements, après avoir fait 83 kilomètres
dans sa journée.

Dans la Seine-Inférieure, le général Roye occupait
la rive gauche avec 10,000 hommes et 44 canons ; le
capitaine de vaisseau Mouchez était sur la rive droite
avec 12,000 hommes et 3 batteries. Divers engagements avaient lieu à Bourtheroulde et Orival. Aussi

le général Manteuffel demandait à ne pas exécuter l'ordre qui lui prescrivait de se concentrer autour de Beauvais et proposait de laisser le Ier corps autour de Rouen, le VIIIe et la 3e division de réserve sur la Somme, ce qui lui était accordé.

Bombardement et prise de Mézières.

Pendant ce temps, Mézières avait succombé à un bombardement. Cette ville est située sur la rive droite de la Meuse, dans une presqu'île formée par ce fleuve. Sur la rive gauche au nord est située la ville manufacturière de Charleville, qui n'est séparée de Mézières que par un pont. La ville était entourée de vieilles fortifications remaniées par Vauban, mais dominées de toutes parts. On avait peu fait pour la mettre en état de défense; Charleville était protégé par quelques ouvrages de fortification passagère créés à la hâte. La garnison était de 3,000 hommes; portée à 5,000 par les échappés de Sedan, elle était de nouveau réduite à 2,000 par l'appel d'une partie de ses troupes à l'armée du général Faidherbe. Elle était armée de 132 bouches à feu dont 36 seulement rayées.

Après la bataille de Sedan, une convention était signée entre le commandant de place et le général Von der Tann, pour la subsistance des prisonniers campés dans la presqu'île d'Iges. Cette convention durait jusqu'au 20 octobre. Les Français en profitaient pour préparer la défense, et les Allemands employaient le chemin de fer pour leurs blessés. Après le 20 octobre, la convention étant dénoncée, la place fut observée par des troupes d'étape, qui venaient occuper tout le front sud de la place. La garnison restait inactive, mais les francs-tireurs harcelaient l'ennemi, enlevaient les correspondances, contrariaient les mouvements de troupe, enlevaient des convois. Vers le milieu de novembre, la 1re division venait relever les troupes d'étape, et était relevée vers le 16 par la 3e division de réserve, qui était elle-même remplacée le 19 décembre par la 14e. Le général Kameke, avant de recourir au siège, essayait du bombardement. Le 19 et le 20, il investissait la place sans obstacle sérieux. Les préparatifs du bombardement se faisaient dans les journées suivantes, et le 31 décembre le feu était ouvert par 68 pièces de siège et 70 de campagne. La place répond d'abord avec beaucoup de vigueur, mais elle se tait vers 3 heures 1/2. Une sortie sur Mohon est repoussée. Des incendies se déclarent à Mézières et à Charleville. Le 1er janvier, les feux de l'assiégeant recommencent sans que ceux de la place lui répondent. A 11 heures, le drapeau blanc est arboré, et le 2, l'ennemi entre dans la place qu'il trouve abondamment approvisionnée.

CHAPITRE III.

COMBAT DU BOURGET. — BOMBARDEMÉNT DU MONT-AVRON.

Réorganisation des forces parisiennes.

La bataille de Champigny n'avait pas éteint chez les assiégés tout espoir de sortir de Paris. Dès le 3 décembre, on reconstituait les unités. Le 1ᵉʳ corps, trop éprouvé, était dissous ; il cédait une de ses divisions à la 3ᵉ armée, et les deux autres servaient de réserve à la 2ᵉ. Ces changements achevés, on se disposait à se mettre à l'œuvre, dès le 6 décembre, pour tendre de nouveau la main à l'armée de la Loire. Mais dès le 5, une dépêche du général Moltke informait le gouverneur de l'échec de l'armée de la Loire et de la reprise d'Orléans. Cette nouvelle amenait un changement dans les intentions de la défense, et après plusieurs conseils, le général Trochu s'arrêtait à l'idée d'une opération du côté du Nord. On devait, sous la protection des forts et du Mont-Avron, s'emparer du Bourget et repousser les lignes d'investissement bien au delà de la Morée. L'amiral La Roncière le Noury devait, avec le corps d'armée de Saint-Denis, enlever le Bourget ; et aussitôt après la prise de ce village, le général Ducrot devait, sur la droite, attaquer la ligne de la Morée. Le général Vinoy devait, en même temps, agir sur la rive droite de la Marne, en attaquant la Ville-Évrard et la Maison-Blanche. Ce général fit des objections à ce dernier mouvement qu'il trouvait un peu risqué, et proposa, mais en vain, d'attaquer le Raincy, dont la position dominante était bien plus avantageuse. Le plan resta donc fixé, comme nous l'avons dit, et son exécution arrêtée pour le 19 décembre. Mais ce jour-là de forts dégels ayant détrempé les terres, on dut renvoyer l'opération au 21.

Préparatifs du bombardement.

De leur côté, les Allemands gênés par la position dominante du Mont-Avron, avaient résolu d'en déloger l'assiégé. Mais craignant d'attaquer une aussi forte position, ils songeaient à employer un bombardement exécuté avec des pièces de gros calibre. A cet effet, on amenait d'Allemagne 30 canons de 15, et 20 de 12, avec six compagnies d'artillerie de place; et l'on faisait venir de La Fère dix pièces de 15, et seize de 12, qui avaient été employées au bombardement de cette place.

Du côté sud de Paris, à Villacoublay, on réunissait le parc de siège destiné à l'attaque des fronts sud. Déjà 235 pièces de gros calibre étaient arrivées et l'on construisait les batteries de siège sur les hauteurs de Meudon et de Clamart, et sur le plateau de Châtillon. La grande difficulté se trouvait dans l'approvisionnement en munitions d'un si grand nombre de pièces. Le chemin de fer arrivait jusqu'à Chelles. Mais de ce point à Villacoublay, il fallait recourir aux voitures. Une grande partie du matériel était encore à Nanteuil, où il avait été débarqué au commencement des opérations, avant que le chemin de fer fût rétabli jusqu'à

Chelles. De Nanteuil à Villacoublay, il y a 83 kilomètres. Les voitures mettaient huit jours à faire ce trajet aller et retour. La neige, le verglas, la nécessité de replier parfois le pont de bateaux de Villeneuve-Saint-Georges, allongeaient encore ces transports. Les pièces étaient approvisionnées à 500 coups, ce qui nécessitait 5,000 voitures. On manquait de chevaux ; les attelages de l'artillerie des deux armées étaient épuisés par leur propre service. On n'avait trouvé dans les environs de Paris qu'un petit nombre de voitures à deux roues. Pour faire face à ces difficultés, on demandait une partie de leurs chevaux aux colonnes de munitions, on faisait venir des chevaux d'Allemagne et l'on réquisitionnait dans les pays occupés 2,000 bêtes de trait harnachés. On réquisitionnait de même un nombre correspondant de voitures à quatre roues. Enfin, au moyen du matériel de guerre pris à Metz, on constituait 24 colonnes de 40 voitures chacune, attelées avec les chevaux venus d'Allemagne et conduites par les bataillons du train.

Combat du Bourget le 21 décembre.

L'assiégeant avait remarqué depuis plusieurs jours les terrassements que l'on faisait à Bondy, occupé depuis peu par l'assiégé. Dès le 19, un grand nombre de déserteurs, qui ne craignaient pas de trahir leur patrie au profit de l'ennemi et de guider ses coups pour qu'ils fussent mortels, annonçaient une grande sortie prochaine. Le 20, les observatoires signalaient de grandes concentrations de troupes au nord de Paris ; l'armée de la Meuse prenait aussitôt ses dispositions pour résister énergiquement sur la ligne de la

Morée, et lorsque le 21 au matin les troupes françaises s'ébranlaient au sein d'un épais brouillard, les Allemands, bien que ne voyant pas leurs adversaires, étaient partout sur pied. Six bataillons et 42 bouches à feu étaient à Gonesse ; une troupe de même force était à Sevran. Les 4ᵉ et 7ᵉ divisions, ainsi que l'artillerie du IIᵉ corps, étaient en route pour renforcer les points attaqués.

Le brouillard se dissipait à peine vers 7 heures 3/4 que les batteries françaises, appuyées de wagons blindés portant des pièces de gros calibre, commençaient le feu. Après une demi-heure d'une canonnade très vive, on attaque le Bourget de front et de flanc. L'attaque de front se heurtait bientôt à une résistance très vive à la verrerie et à la gare, de chaque côté de la route. L'attaque de flanc exécutée par les marins, sous les ordres du capitaine de frégate Lamothe-Tenet, était plus heureuse. Arrêtées sur leur front par les défenseurs du cimetière, les colonnes d'attaque appuyaient vers le Nord, prenaient à dos les Allemands qui, poursuivis chaudement de maison en maison, finissaient en grande partie par mettre bas les armes. Poursuivant leur succès, les marins abordent du côté du Nord la verrerie déjà assaillie de l'autre par les troupes qui ont suivi la grande route. Les 3ᵉ et 4ᵉ compagnies du régiment de la reine Elisabeth, enfermées dans ce bâtiment et dans la gare, opposent la plus énergique résistance. Le mur d'enceinte du gazomètre est abattu par l'artillerie ; cinq nouveaux bataillons conduits par le général Hanrion viennent renforcer les assaillants. Les défenseurs ne cèdent pas. Vers 9 heures, ils sont renforcés par une compagnie venue du Blanc-Mesnil, et un peu plus tard par sept compagnies que l'on avait envoyé chercher à Pont-Iblon, prévenues à grande peine. Ces nouvelles forces repoussent peu à peu nos bataillons. Vers 11 heures 1/2, l'arrivée des grenadiers et ensuite des tirailleurs de la garde, apportait un nouvel appui. L'ennemi réoccupait le village après une lutte acharnée pied à pied, de maison en maison. Notre infanterie battait alors en retraite et l'affaire se terminait de ce côté par une intense canonnade. Nous avions employé à cette attaque infructueuse sept bataillons qui attaquaient par la grande route, cinq qui venaient de Saint-Denis sous les ordres du capitaine Lamothe-Tenet, et cinq sous les ordres du général Hanrion ; en tout dix-sept bataillons. Les Allemands ne s'étaient renforcés que successivement et avaient employé en tout douze compagnies.

A la droite, le général Ducrot attendait le signal qui devait le prévenir de la prise du Bourget. Vers 9 heures, ne le voyant point paraître, il se portait en avant par Bondy et Drancy et déployait son artillerie. Mais l'affaire se bornait de ce côté à une longue canonnade, le général Ducrot ayant reçu vers midi l'ordre de ne pas pousser plus avant. Nos troupes se retiraient dans le courant de l'après-midi. Les Allemands avaient perdu environ 400 hommes et nous 983, dont 360 prisonniers.

Le même jour, des sorties partielles avaient lieu à Stains, à Épinay et dans l'île en face de Chatou. Elles ne donnaient lieu qu'à des engagements sans importance. Celle du général Vinoy, faite avec un plus grand nombre de troupes, réussissait mieux. Nos colonnes traversaient la vallée sans souffrir beaucoup du feu de l'artillerie ennemie, exécuté à grande distance sur un but mobile. Elles pénétraient dans Ville-Evrard et enlevaient quelques prisonniers. Les Prussiens revenaient à la charge dans la journée, mais en vain, et nous restions en possession du terrain conquis. Nos troupes s'y installèrent pour la nuit. Elles s'y maintinrent malgré une attaque faite dans l'obscurité. Mais le lendemain, on reconnut l'impossibilité de s'y maintenir. Tandis que quelques troupes courageuses avaient soutenu le combat sous la conduite du général Blaise, qui y fut tué, des bataillons de garde nationale, placés en réserve, avaient pris la fuite. On se trouvait ainsi sans soutien.

Les journées qui suivirent le 21 furent marquées par un froid très vif. On avait résolu de s'emparer du Bourget par une attaque en règle, au moyen de tranchées. Le général Ducrot fut chargé de cette opération. Nos troupes, mal abritées et mal vêtues, eurent énormément à souffrir.

Bombardement et prise du Mont-Avron.

Le plateau du Mont-Avron était occupé par la défense qui y avait construit plusieurs batteries. Ces batteries, augmentées de 18 pièces de 7, nous avaient été d'un grand secours dans la bataillle du 30 novembre. Mals malgré cela, cette position qui se trouvait en flèche sur nos lignes n'était pas avantageuse pour nous. Elle était exposée au feu concentrique des Prussiens. Elle présentait pour eux les mêmes inconvénients que pour nous, étant balayée à bonne portée par les feux des forts. Nous n'avions donc aucune bonne raison de l'occuper. Cependant l'opinion publique peu éclairée y tenait. L'ennemi résolut de nous en déloger. Dans ce but il fit construire dans le courant de décembre 13 batteries armées de 76 bouches à feu. Dix compagnies d'artillerie de place furent employées à ce ser-

vice. Les divers corps d'armée travaillèrent au fasci-
nage, et plus de 600 voitures furent réquisitionnées
pour le transport du matériel et des munitions. Deux
bataillons par jour et toutes les compagnies de
pionniers de la Meuse travaillèrent aux terrassements. Ce travail exécuté à partir du 21, par des froids
rigoureux, fut extrêmement pénible.

Le 27, à 8 heures 1/2 du matin, toutes les batteries
ouvraient leur feu et le continuaient jusqu'au soir.
Une neige très fine tombant sans relâche nuisait au tir
et à l'observation des coups. Le Mont-Avron n'avait
pour répondre que 6 pièces de 30, 6 de 24, 12 de
7 et 12 de 12, en tout 36. Il ripostait d'abord avec
énergie. Le bombardement continuait le 28, mais avec
un affaiblissement sensible dans le feu de la défense.
La division d'Hugues qui occupait ce point avait transporté ses bivouacs sur les pentes en arrière du plateau
pour être mieux à l'abri des coups. Mais les obus allemands venaient parfois sillonner cette pente et en
rendaient l'occupation dangereuse. Le général Trochu
étant venu dans la journée du 28 examiner la position,
en ordonnait l'évacuation qui s'exécutait pendant la
nuit. L'artillerie était enlevée par les soins du colonel
Stoffel avec une promptitude et une habileté remarquables. Le lendemain 29, le Mont-Avron ne répondait
plus au bombardement, et les patrouilles saxonnes
envoyées en reconnaissance le trouvaient évacué. Les
Allemands avaient perdu 11 morts et 22 blessés.

L'évacuation du Mont-Avron fit une impression déplorable sur les esprits qui n'avaient pu se rendre
compte de la valeur de cette position. Pendant ce
temps, l'armée française avait exécuté de nombreux
ouvrages auprès de Drancy. Du côté du sud, entre la
Seine et la Bièvre, de nombreux travaux inquiétaient

la droite du IIe corps bavarois. L'ennemi entrevoyait la
nécessité prochaine de recourir aux pièces de gros
calibre. Les batteries étaient terminées depuis longtemps, et les munitions nécessaires pour les forts du
Sud avaient été réunies. On se trouvait donc en
mesure d'entreprendre le bombardement.

CHAPITRE IV.

Plan de la marche. — Description du pays.

Obéissant aux ordres de Versailles, le prince Frédéric-Charles arrêtait ses dispositions pour marcher sur le Mans. Bien que l'affaire de Vendôme pût être le signal d'une marche offensive du général de Chanzy, on ne pensait pas que l'armée française dût recommencer ses opérations avant que la température se fût adoucie. En continuant leur marche, les Allemands comptaient surprendre les Français dans leurs cantonnements. Mais ceux-ci étaient loin de pouvoir l'être. Concentrés autour du Mans, le 21ᵉ corps à l'est, sur les deux rives de l'Huisne, le 16ᵉ corps au sud et le 17ᵉ à l'ouest, ils gardaient toutes les routes, et les combats des jours suivants allaient montrer aux Allemands qu'ils se faisaient illusion s'ils croyaient prendre leurs adversaires en défaut.

Le prince Frédéric-Charles dirigeait ses quatre corps d'armée en leur faisant exécuter une marche concentrique qui devait les réunir devant le Mans. Le XIIIᵉ corps venait du nord-est, descendant la vallée de l'Huisne par Nogent-le-Rotrou, la Ferté-Bernard et Connerré, et se dirigeait sur Monfort et sur Saint-Mars-la-Bruyère. A sa gauche, le IXᵉ corps venant d'Orléans passait par Morée et Saint-Calais pour aboutir

3

au même point de Saint-Mars-la-Bruyère. Plus au sud,
le IIIᵉ corps parti de Beaugency, contournant la forêt
de Marchenoir, au sud, était dirigé sur Bouloire. Enfin
le Xᵉ corps venant du sud marchait sur Parigné-
l'Evêque. Devant d'autres troupes, déjà concentrées
comme l'étaient celles du général Chanzy, cette marche
eût été extrêmement dangereuse. Lorsque des troupes
convergent sur un même point, il est prudent de
le choisir assez éloigné des entreprises de l'adversaire ; sinon, celui-ci n'a qu'à s'y établir et fera
manquer toutes les combinaisons, échouer tous les
projets. Le prince désirait ainsi envelopper l'ennemi ;
il répétait la même faute qu'il avait commise devant la
forêt d'Orléans. La 1ʳᵉ armée de la Loire n'en avait
pas profité et avait été battue en détail sur tout le pourtour de la forêt. La 2ᵉ armée, au contraire, allait combattre réunie sous les mains d'un chef intrépide. Malheureusement, les circonstances fâcheuses où l'on se
trouvait empêchaient d'apporter des obstacles sérieux à la concentration de l'adversaire. On combattit,
il est vrai, pied à pied, on disputa toutes les routes
avec acharnement. Mais nous fûmes contraints d'attendre l'ennemi dans nos positions, lorsqu'une seule
marche en avant eût jeté le trouble dans ses opérations.

L'ennemi s'avançait sur un front de plus de 80 kilomètres qui allait sans cesse se resserrant. Il n'employait que les grandes voies de communication, parce
qu'en cas de dégel elles seraient plus praticables. Le
pays que l'on allait parcourir est traversé du nord au
sud par les affluents de la rive droite du Loir, qui
dans son cours inférieur va de l'est à l'ouest. Ces
affluents sont séparés les uns des autres par de petits
coteaux boisés qui ne s'élèvent guère à plus de

60 mètres. Le pays, parfaitement cultivé, est couvert d'une végétation abondante et parsemé de villages, de hameaux, de jardins clos de murs, de grandes fermes, de châteaux entourés de parcs. Des haies, des fossés, des levées en terre entourent chaque propriété. Il en résulte de très grandes facilités pour la défensive. L'artillerie perd toute influence. Elle ne peut guère marcher que dans les chemins. Elle ne trouve nulle part de positions ayant un champ de tir suffisant et convenables au développement des grandes batteries. Elle est réduite à agir par section et même par pièce. Tout le poids de la lutte se porte sur l'infanterie.

Le général Chanzy avait été informé que la 1re armée de la Loire se portait dans la direction de l'Est. Il eût voulu un mouvement simultané des armées du Nord et des deux armées de la Loire coïncidant avec un effort de l'armée de Paris. Mais ses plans étaient repoussés par le ministère. C'est une illusion dangereuse que de s'imaginer que l'on peut établir un concert sérieux entre des armées opérant à de pareilles distances. Le télégraphe, qui paraît devoir être dans ce cas un auxiliaire précieux, est plutôt un obstacle. C'est un instrument trop impressionnable; il cède trop aisément au premier mouvement et reproduit trop facilement les perplexités de celui qui préside à la lutte. Son utilité qui est extrême est doublée d'un péril presque aussi grand qu'elle. Le général n'avait donc plus à compter que sur lui-même. Le général Rousseau occupait Nogent-le Rotrou avec la 1re division du 21e corps, sur la route que suivait le XIIIe corps prussien. Le général de Jouffroy, après son échec de Vendôme, avait occupé la ligne de la Braye, petit affluent du Loir. Il allait être heurté par le IXe et le IIIe corps. Le général Barry était à la Chartre-sur-Loir avec les troupes qui avaient occupé Blois après la bataille d'Orléans.

Le mouvement de l'ennemi commençait le 5 janvier et aboutissait le 10 à la bataille du Mans. Tous les jours étaient marqués par des engagements, la plupart assez sérieux, sur toutes les routes suivies par les têtes de colonne. On ne livrait pas moins de onze combats à la Fourche, à Mazangé, Saint-Amand, Epuisay, etc. Nous allons raconter ce qui s'est passé de plus saillant dans ces luttes journalières.

Marches et combats du 6 ou 9 janvier.

Le 6 janvier se livraient les combats de La Fourche, au nord du Mans, celui d'Azay et Mazangé à l'est, celui de Saint-Amand au sud-est.

La Fourche est un hameau sur la route de Chartres à Nogent-le-Rotrou. Le général Rousseau y fut attaqué, le 6 janvier, par les troupes du XIIIe corps qui venait d'entamer la marche sur le Mans. La 44e brigade prussienne se portait en deux colonnes sur le hameau. L'avant-garde était accueillie par les coups de canon d'une batterie placée à l'est de La Fourche. La batterie d'avant-garde prend immédiatement position et répond au feu. Trois bataillons sont dirigés sur La Fourche et sont, vers 11 heures, appuyés par une batterie lourde venue du gros. Vers 2 heures, l'ennemi en forces prononce une attaque générale à la suite de laquelle nos troupes sont repoussées. Malgré une vive résistance elles sont contraintes d'abandonner trois pièces à l'ennemi. Le général Chanzy qui assistait à l'engagement ordonne de battre en retraite, mais en retardant la marche de l'ennemi par des combats incessants. L'ennemi avait perdu 170 hommes.

Le même jour, le général de Jouffroy était attaqué par le IIIe corps, sur la ligne d'Azay-Mazangé. Le IIIe corps devait, dans cette journée, relever le Xe autour de Vendôme. Le projet du général Alvensleben était de franchir le Loir avec toutes ses forces, sauf l'artillerie de corps qu'on laisserait en arrière. A peine la 5e division débouchait-elle de Vendôme qu'elle entendait une vive fusillade engagée par l'arrière-garde du Xe corps au nord de la ville. Le général de Stülpnagel fait arrêter à Courtiras un bataillon, un escadron et une batterie jusque à l'arrivée de la 6e division qui débouche à 1 heure venant de Meslay. Celle-ci, après avoir assuré ses flancs par des détachements, déploie six compagnies en avant de Courtiras. Ces compagnies cheminent lentement sous le feu et enlèvent quelques fermes. La résistance devient plus vive au pli de terrain qui s'étend sur le Boile et Georgeat. Il faut une assez longue canonnade pour enlever la position. A 3 heures on arrive sur les bords du ruisseau d'Azay. Au bout de quelque temps on est rallié par les troupes de la 11e brigade, qui ont cheminé par les routes souvent rompues de la forêt. On ordonne alors l'attaque de la position. Le Moulin-de-la-Galette et le bois adjacent sont enlevés et gardés malgré une contre-attaque infructueuse. Au centre, on s'empare de la ferme de la Fosse, et à la droite d'Azay.

Le général Jouffroy rallie ses troupes à hauteur de Belatour et de la Margotterie, sous la protection de deux batteries. De vigoureux retours offensifs maintiennent l'ennemi, pendant que les autres troupes se retirent derrière la petite rivière de la Braye. Dans la soirée, les deux fermes sont abandonnées à leur tour.

La 5e division avait eu aussi à lutter. Vers 1 heure et demie elle arrivait à Villiers et trouvait l'arrière-garde du Xe corps combattant contre les troupes françaises. On déploie immédiatement un régiment et deux batteries pour leur tenir tête. Mais il est impossible d'avancer au delà du vallon d'Azay. Grâce à la grande portée de nos fusils, le vallon est battu dans toute sa largueur, tandis que plusieurs batteries placées entre Clouzeaux et Mazangé couvrent le terrain de projectiles. Bientôt nos tirailleurs s'avancent de tous côtés à l'attaque. L'ennemi déploie alors le régiment de corps. Mais ce renfort serait insuffisant, si les troupes acheminées sur Epuisay par la 10e brigade n'arrivaient nous prendre en flanc. En même temps que ces nouvelles troupes apparaissaient, l'ennemi déployait à l'est du Briard une batterie de 36 pièces. Son infanterie parvient à déborder Mazangé sur ses deux flancs. Le général Jouffroy abandonnait alors le village, se défendait un instant à Clouzeaux, pour protéger la retraite qui s'effectuait sur Lunay, protégée par l'obscurité. Les Allemands avaient perdu 39 officiers et 400 hommes.

Quant au Xe corps, nous avons vu que ses arrière-gardes devant Vendôme avaient entamé le combat dès le matin. Les têtes de colonne devaient se porter sur Montoire, la 20e division venant de Vendôme par les Roches, la 19e venant de Saint-Amand par Combloy et Lavardin. Le mouvement devait être couvert sur la gauche par un régiment d'infanterie, une brigade de cavalerie et une batterie d'artillerie, confiés au général major Baumgarth. En avant de ces troupes étaient la 6e division et la 1re brigade de cavalerie.

De notre côté, le général Chanzy songeait à dégager le général Jouffroy, battant en retraite sur la Braye. A cet effet, il renforçait le général de Curten, qui gardait la route de Blois à Tours, en lui envoyant une petite colonne commandée par le colonel Jobey et une partie de la 3e division du 16e corps ; et lui ordonnait d'agir vigoureusement sur le flanc des troupes allemandes. Ce général se trouvait ainsi à la tête de 10,000 hommes d'infanterie, 8 escadrons de cavalerie et 4 batteries d'artillerie, avec lesquels il occupait Château-Renaud.

La 20e division prussienne se mettait donc en mouvement, et trouvait devant elle le défilé de Roches fortement occupé. Le défilé étant presqu'inattaquable de front, on le canonne pendant que d'autres troupes le tournent à droite et à gauche, et qu'on rétablit le pont de Lavardin, qui avait été coupé. Le défilé une fois tourné est facilement enlevé, et la 20e division occupe sans obstacle Montoire, où elle se cantonne pendant la nuit.

La 19e division était arrivée à Ambloy, protégée sur son flanc gauche par la colonne du général Baumgarth, lorsqu'elle apprenait que celui-ci avait été vigoureusement attaqué. En effet, ce général avait prescrit aux troupes qui occupaient Vilthiou de se diriger sur Prunay dès que la 6e division·de cavalerie qui devait, comme nous l'avons dit, se porter à l'extrême gauche, serait arrivée. Mais vers 9 heures, la cavalerie n'avait pas encore paru, et les Français entamaient l'action. Dès les premiers instants, elle s'annonçait favorablement pour eux. Le 57e prussien a toutes les peines du monde à se maintenir sur la ligne Pias-les-Haies. La gauche de cette ligne va être enlevée, lorsque arrive la 15e brigade de cavalerie.

La batterie à cheval se porte sur cette aile pour la dégager, tandis que les réserves se portent à Vilthiou à l'aile droite. Vains efforts! Nos troupes s'emparent des Haies. Une contre-attaque nous les enlève presque aussitôt. Mais notre droite continue de progresser vers le nord, sans que la 1re brigade de cavalerie puisse s'arrêter. Vilthiou est plus difficile. Le capitaine des Vallons amène néanmoins sa batterie jusques à 200 mètres des maisons du village. L'infanterie allemande se replie alors progressivement derrière la Brenne, où elle est suivie par la batterie à cheval. Enfin vers le soir, le village était enlevé à la baïonnette.

Du côté des Allemands, le 57e régiment s'était replié sur Neuve–Saint-Amand, où il était rejoint par trois batteries; six compagnies occupaient Saint-Amand, et trois autres la Noue, et la cavalerie flanquait les deux ailes. C'était une nouvelle ligne de bataille que l'on nous offrait. Mais le général de Curten avait arrêté l'attaque. Néanmoins, il envoyait de fortes colonnes sur Saint-Amand. A cet aspect, les six compagnies qui l'occupaient évacuaient le village en suivant la voie ferrée. La position n'était plus tenable pour les Allemands. Le duc Guillaume ordonnait donc la retraite. La 38e brigade s'arrêtait à Huiseau; la 15e brigade de cavalerie regagnait Amblay, et la 1re, Villeromain. La perte des Allemands était insignifiante, car elle se réduit à 31 hommes. La 1re batterie à cheval avait perdu 1 officier, 9 hommes et 14 chevaux. Après elle, le régiment le plus éprouvé avait perdu 9 hommes.

Cette affaire fut pénible à l'orgueil allemand. Le Xe corps reçut l'ordre de marcher au besoin tout entier pour soutenir le général Baumgarth, s'il était attaqué le lendemain. Quant aux autres corps, ils re-

çurent l'ordre de continuer leur marche sur le Mans.
Seulement, le IXe et le IIIe corps ne devaient pas dépasser la Braye.

Dans la journée du 7, le XIIIe corps occupa Nogent-
le-Rotrou sans coup férir, le général Rousseau ayant
cédé le terrain. Le IXe corps contribuait à enlever
Epuisay, le IIIe corps livrait deux combats, le premier
à Epuisay où il était contraint de mettre sept compagnies en ligne, et un deuxième à Sargé, sur la route
de Saint-Calais. La colonne du général Baumgarth
avait un engagement sans importance à la Garionnière
et à Villechauve. La 38e brigade se cantonnait à Vil-
thière, et le reste à Saint-Amand. On voit que le
X^e corps n'avait pas fait grand progrès dans cette
journée et qu'on pouvait le regarder comme en retard
sur les autres corps d'armée. Néanmoins, le général de
Curten était à peu près coupé du Mans.

Le brouillard, qui avait contrarié toutes les opérations la veille, était remplacé le 8 au matin par une
gelée légère qui avait recouvert les routes de verglas.
Le général Chanzy, voulant mettre de l'ordre dans les
opérations des petits corps qui le couvraient, les avait
réunis sous le commandement supérieur de l'amiral
Jauréguiberry. Il eût été temps pour lui devant ces
attaques se produisant sur un aussi vaste cercle de se
concentrer brusquement sur un de ses points et de
jeter ainsi le trouble dans la concentration de l'ennemi.
Malheureusement son armée était dans un état déplorable, et le Mans lui était nécessaire pour la réorganiser un peu. La mesure qu'il venait de prendre était
un palliatif insuffisant et surtout tardif.

Dans cette journée du 8, le XIIIe corps arrivait après
quelques coups de fusil à la Ferté-Bernard. Une
escarmouche lui permettait d'enlever Vibraye. Mais à

l'aile droite, à Bellême, la 4e division de cavalerie ne pouvait triompher de notre résistance et rétrogradait se cantonner à Berdhuis. Le IXe et le IIIe corps arrivaient à Saint-Calais sans obstacles sérieux. La 14e brigade de cavalerie se heurtait à Vancé contre de la cavalerie française, qu'elle parvenait à mettre en désordre au moyen de quelques obus lancés par la batterie à cheval. La poursuite se continue jusques au ruisseau d'Etangfort, où une violente fusillade partie des haies arrête le 15e régiments de uhlans. Le Xe corps poursuit sa marche sans cesse entravée par de nombreuses coupures pratiquées dans la route, et disperse, chemin faisant, un millier de gardes mobiles qui, postés à Ruillé, opposent une résistance assez tenace. Le corps d'armée arrivait à 4 heures à la Chartre. Quant aux troupes devant Saint-Amand, elles n'étaient point attaquées et se mettaient en route à la nuit tombante pour rejoindre le Xe corps.

Dans la journée du 9, les Allemands continuaient leur marche concentrique, poussant de front les troupes du général Chanzy. Une neige épaisse obscurcissait l'air et empêchait de voir au loin. Les routes se transformaient en fondrières ; la marche des troupes était extrêmement pénible. Dans ces conditions, il était tout à fait impossible de manœuvrer. Le combat même de front ne permettait l'emploi des armes à feu qu'à des distances très rapprochées.

A l'extrême droite allemande, la cavalerie se dirigeait sur Bellême. Mais le pays était si défavorable à son action, que, malgré le secours de l'infanterie qui lui était attachée, elle ne pouvait triompher de la résistance qui lui était opposée par les troupes postées à Bellême et à Longny, et était contrainte de faire volte-face.

Les 17ᵉ et 22ᵉ divisions formant le XIIIᵉ corps marchaient sur la grande route du Mans, avec un détachement sur leur gauche. On en venait aux mains aux environs de Sceaux. La fusillade durait toute la journée, nos troupes reculant lentement. Vers 4 heures du soir, elles tentent par le Grouas un retour offensif qui échoue, les ennemis ayant été renforcés sur leur gauche. Nos troupes rétrogradent alors jusques au point du jour, et à la Belle-Étoile, où elles parviennent à mettre un terme aux progrès de l'ennemi.

Le détachement qui marchait sur la gauche avait de même à combattre pour enlever Thorigné et le Crozet. Les Allemands avaient perdu une soixantaine d'hommes ; le 21ᵉ corps français avait perdu plus de 500 prisonniers ; et des groupes d'hommes erraient à l'aventure et arrivaient ainsi jusque dans les cantonnements du IIIᵉ corps.

Du côté du IIIᵉ corps, la 6ᵉ division marchait sur Bouloire en suivant la grande route et la 5ᵉ marchait à sa gauche. L'avant-garde de la 6ᵉ division entrait aisément à Bouloire et s'emparait dans la soirée du Breil et du bois au nord de Surfond. Mais on trouvait une résistance plus sérieuse à Ardenay. La division Pâris, 2ᵉ du 17ᵉ corps, s'était portée en ligne pour venir en aide au général Jouffroy. Elle avait placé un bataillon dans le parc du château d'Ardenay, et le gros avait pris position sur la Butte, tandis qu'un détachement surveillait la route du Breil. Les Prussiens n'avaient que deux pièces à opposer à la batterie mise en ligne par la division Pâris. Le 64ᵉ se déploie en première ligne, et après un long combat, enlève le château vers 4 heures du soir. La Butte était plus difficile à enlever. Il fallait employer toute l'après-midi à traverser les prairies du bas-fond et à prendre pied dans les bouquets de bois situés au delà. Le soir, les Français tentent, mais en vain, de prendre l'offensive le long de la route. Ils sont contraints de revenir au point de départ. La nuit tombait déjà quand les Allemands, ayant réussi à percer dans la direction du nord, livrent à la Butte une attaque concentrique. Les Français répondent par un feu terrible, mais ne peuvent résister à l'élan de l'ennemi.

Un peu plus à droite, vers la Belle-Inutile, nos troupes étaient aussi repoussées, et abandonnaient, entre les mains de l'ennemi, un convoi assez important en vivres et en munitions, que le mauvais état des chemins empêchait d'emmener.

La 5e division, qui marchait à gauche de la 6e, ne trouvait d'autre obstacle que les nombreuses coupures qui interceptaient les routes.

Le IXe corps avait atteint Bouloire, la 2e division de cavalerie Saint-Michel de Chavaigne. Mais le Xe corps, qui aurait dû atteindre Parigné, se trouvait fort en retard. Il devait marcher sur Grand-Lucé, en deux colonnes, l'une passant par Nancé, l'autre par Brives et Saint-Pierre du Lorouer. L'avant-garde de cette dernière sortait de Lhomme, lorsqu'un feu violent d'obus et de mitrailleuses tombait sur elle, les bataillons du 56e se déployent vers la gauche, et poussent sur le ruisseau de Brives. Trois batteries se déployent au nord-ouest de Lhomme. En même temps, on envoyait à l'autre colonne l'ordre de s'orienter au bruit du canon et de venir donner dans notre flanc gauche. L'ennemi cherche à franchir le ruisseau ; mais il ne peut y parvenir et est contraint d'établir une passerelle, ce qui l'arrête longtemps. Le passage sitôt établi, l'ennemi marche sur Chahaignes que nos troupes abandonnent en se dirigeant au sud-ouest, vers Château-du-Loir. A 2 heures de l'après-midi, l'ennemi reprenait sa marche sur Brives. La route était extrêmement pénible ; la cavalerie et l'artillerie avaient mis pied à terre ; le général en chef était monté sur un avant-train ; l'état-major suivait à pied. L'artillerie de corps éprouvait tant de peine que l'on se décidait à l'acheminer, avec une escorte, sur la route de Vancé, qui était un peu meilleure. Arrivé à Brives vers 3 heures 1/2, le général de Woyna est accueilli par un feu nourri parti des hauteurs. Comme nous l'avons dit, toute manœuvre était impossible ; et une attaque de front était confiée aux 56e et 79e régiments. Cette attaque, conduite avec vigueur, rendait l'ennemi maître de la position.

Le soir, vers 6 heures 1/2, une colonne et quatre bataillons se portaient sur Saint-Vincent-du-Lorouer que les Français traversaient en ce moment. Cette attaque de nuit ne réussissait que trop. Nous y perdions une centaine de prisonniers et 100 voitures chargées de vivres. Les fuyards arrivaient jusques à Grand-Lucé. La cavalerie, qui occupait ce poste, l'abandonnait sans attendre l'ennemi.

Enfin, le détachement laissé devant Château-Renaud s'emparait de la ville et poursuivait nos troupes sur la route de Tours.

Réflexions.

En résumé, pendant ces quatre jours, l'armée allemande, dispersée sur un cercle de 80 kilomètres de pourtour, avait marché concentriquement sur le point occupé par le général Chanzy. La marche avait assez bien réussi. Le 9, ce cercle s'était rétréci et ne mesu-

rait plus que 53 kilomètres. Le IIIe corps avait pro-
gressé plus que les autres et se trouvait en pointe
entouré des feux de bivouac des divisions françaises.
Sa liaison était assurée avec le IXe et le XIIIe corps.
Mais le Xe corps était encore fort en arrière.

De son côté, le général Chanzy, occupé à réorganiser
son armée, à lui rendre la confiance ébranlée par les
revers qu'elle avait subis, laissait le cercle se resserrer
autour de lui, sans y opposer d'autre manœuvre que de
mettre un corps de troupe sur chaque route aboutis-
sant au Mans. L'ennemi avait commis une faute en
choisissant un point de concentration occupé par l'adversaire, mais celui-ci n'en profitait point. Ce n'était
cependant pas faute d'ardeur de la part du généra.
Chanzy. Ni la fermeté, ni la ténacité ne lui manquaient.
Ce qui lui faisait défaut, c'étaient des troupes instruites
et confiantes, une organisation solide. Personnelle-
ment, le général était indomptable. Les résultats de
ces derniers jours lui arrachaient ces paroles dans
l'ordre du jour : « Vous n'attaquez pas ; nous sommes
cependant supérieurs en nombre à l'ennemi. Demain,
à la pointe du jour, tous les corps reprendront l'offensive dans toutes les directions et réoccuperont les
positions abandonnées aujourd'hui. Les officiers qui
ont abandonné Grand-Lucé seront traduits devant un
conseil d'enquête. La ville du Mans est consignée aux
troupes. Toutes les routes en seront gardées par la
brigade de gendarmerie, sous les ordres du général
Bourdillon. Tout homme qui abandonnera son poste
sera traduit devant la cour martiale. Il faut en finir
avec ces paniques qui nous déshonorent.

« L'amiral Jauréguiberry attaquera l'ennemi marchant de la Chartre sur le Mans. Sur la route de Saint-
Calais, le général de Colomb attaquera à la pointe du

jour, pour repousser l'ennemi au delà d'Artenay. Sur l'Huisne, l'amiral Jaurès se portera de sa personne à Pont-de-Gennes et attaquera l'ennemi à Connerré et à Thorigné. »

Comme dans la nuit, on fait au général des objections tirées du mauvais temps, du triste état des troupes grelottant de froid et mourant de faim, il répond avec brusquerie : « Je maintiens mes ordres ; il fait froid aussi pour les Prussiens. »

On remarquera que cet ordre, empreint d'une inébranlable fermeté, ne prescrit que la résistance pied à pied, sans aucune combinaison. On remarquera, en outre, combien il était difficile de maintenir nos jeunes troupes sous les drapeaux que suivaient la défaite et la misère. Tandis que les Allemands, disciplinés, cantonnaient sans danger dans les villes et profitaient sans inconvénient des ressources qu'elles présentent, nous étions obligés d'en bannir nos soldats et d'en faire garder nos routes par la gendarmerie, de peur de voir notre armée se fondre en un clin-d'œil.

CHAPITRE V.

Dispositions des Prussiens.

Du côté des Allemands, la marche en avant continuait le lendemain 10, sans autre combinaison de leur part que celle de nous pousser de front partout où ils nous rencontraient. La nature du pays, la brièveté des jours, tout concourait à rendre les mouvements très difficiles et les combinaisons à peine possibles. On voit, en effet, les colonnes prussiennes ne se mettre en mouvement qu'à 11 heures du matin. La marche est très pénible ; il n'y a qu'une seule route que tout le monde suit. Si la colonne est profonde, elle ne peut parvenir à se déployer avant la nuit. Si l'on marche en petites colonnes, il faut que chacune d'elles suive son chemin sans liaison avec les autres ; il faudra agir sur un très grand front, et n'arriver sur le champ de bataille que par groupes séparés, et avec des forces restreintes, circonstances des plus favorables à l'adversaire. C'étaient là des inconvénients inévitables auxquels il fallait se résigner.

Le 10 janvier, le IIIe corps, qui était le plus avancé, se mettait en route, en quatre colonnes composées chacune d'une brigade. A gauche, s'avançait la 10e brigade, marchant sur Parigné pour faciliter la marche du Xe corps qui était toujours en arrière. A sa droite, la

9ᵉ brigade partait du Gué-de-l'Aune, se dirigeant sur
Changé, en passant par les Chasseries. La 6ᵉ division
opérait plus à droite. La 11ᵉ brigade allait d'Ardenay
à Changé, en passant par les Brosses. La 12ᵉ brigade
opérait à l'extrême droite, en suivant la grande route.

Positions des Français.

L'armée française était rangée le long de l'Huisne,
affluent de la Sarthe qu'il faut traverser en arrivant au
Mans du côté de l'est. Le 21ᵉ corps était au nord,
opposé au XIIIᵉ. Le combat allait échoir au 16ᵉ corps.
Conformément aux ordres reçus, l'amiral Jauréguiberry envoyait une brigade sur Parigné-l'Évêque, au-
devant des troupes du général Jouffroy venant de
Grand-Lucé, abandonné la veille. La brigade y entrait
sans coup férir, mais surprise de n'y trouver ni l'ennemi, ni le général Jouffroy. Celui-ci avait eu la malheureuse idée de faire une retraite excentrique, et en
sortant de Grand-Lucé s'était dirigé sur Mulsanne. Il
en résultait dans les lignes françaises une trouée considérable qui ne pouvait qu'être favorable à l'ennemi.

Combat de Parigné.

En sortant de Parigné, la brigade ne tardait pas à
apercevoir au nord-est les troupes que le IIIᵉ corps
dirigeait par les Chasseries. On engage le feu immédiatement. Il est vigoureusement soutenu des deux
côtés. Les Français réussissent au prix des plus grands
efforts à amener six pièces et six mitrailleuses en batterie. Il faut répandre du sable et du fumier sur la route

pour rendre le tirage possible. Les Allemands luttent contre les mêmes difficultés, et parviennent à grand'-peine à amener trois pièces lourdes et quatre légères. Cette artillerie ne parvient pas à dominer les mitrailleuses du capitaine Delahaye, qui, posté entièrement à couvert au nord du village, contient par son feu l'infanterie ennemie. Les Français sont rejoints vers 11 h. par le 70e mobiles et une batterie que le général Jouffroy, en marche sur Mulsanne, envoie sur Parigné. Le général de Stütpnagel, voulant se réserver pour l'arrivée à Changé, ordonne de traîner le combat en longueur jusqu'à l'arrivée de la 10e brigade.

Celle-ci était partie de Volnay vers 9 heures du matin. Retenue par le mauvais état des chemins, elle n'arrivait qu'à midi devant Parigné. Elle déploie aussitôt quelques bataillons autour du village, et tous ensemble se précipitent sur la position entourée de toutes parts. Nous laissons entre ses mains une pièce démontée. Les mitrailleuses du capitaine Delahaye vont subir le même sort, quand le colonel Péreira lance sa réserve, quelques mobiles, des artilleurs, et quelques officiers qui s'arment de fusils ramassés à la hâte. Tous se jettent sur l'ennemi, le contiennent et lui arrachent la conquête qu'il croyait déjà tenir. On ne lui laisse qu'une mitrailleuse dont les chevaux ont été tués et qu'il est impossible d'emmener. Le 70e mobiles, surpris aussi par la brusque attaque de l'ennemi, cède d'abord et abandonne les pièces. Mais vigoureusement ramené à la charge, il s'en empare de nouveau.

La retraite est alors ordonnée. Les troupes se retirent sur Ruaudin, tandis que le 70e mobiles se retire dans la direction de Mulsanne, pour rejoindre le général Jouffroy. Le vide se faisait ainsi devant les colonnes prussiennes, triste conséquence de la fausse

direction prise en quittant Grand-Lucé. Nous laissions
2,150 prisonniers entre les mains de l'ennemi. Celui-ci
reprenait sa marche sur Changé, en trois colonnes
passant par les Vernelles, les Chasseries et Pontlieue.

Prise de Changé et de Champagné par le IIIe corps.

La 11e brigade était partie d'Ardenay à 10 heures 1/2,
passant au sud de la route du Mans. Elle avait affaire
sur la route à quelques partis isolés qui reculaient
devant elle. Mais vers 3 heures, arrivée devant le Gué-
la-Hart, elle se trouve en présence de forces com-
pactes avec lesquelles elle a un vif engagement de
mousqueterie. La position paraissait inabordable. Le
général Alvensleben, après avoir renforcé le front, la
fait tourner à gauche par la Gondrière, à droite par
Armigné. Les troupes envoyées à la Gondrière y trouvent l'avant-garde de la 9e brigade venant de Parigné.
Lorsque toutes les troupes sont arrivées à leur poste,
le canon donne le signal de se porter en avant. Malgré
les retours offensifs de nos troupes, l'ennemi parvient
à s'emparer de la position et fait un millier de prisonniers.

Malgré ce succès, Changé n'était pas encore atteint.
Le général Alvensleben prescrit à un bataillon d'attaquer le village à 7 heures du soir. Celui-ci, après avoir
enlevé une barricade, s'aperçoit que le village est déjà
entre les mains des Allemands. Ce succès était dû à la
10e brigade. Celle-ci avait évité sur la route les châteaux de Chefraison et de la Paillerie, défendus par du
canon. Une partie s'était dirigée sur le Gué-la-Hart,
et le reste sur la Girardrie et Changé. Ces dernières
troupes arrivent à 6 heures du soir devant le pont de

Changé, et l'enlèvent par une attaque hardie. Des troupes qui gardaient le village, beaucoup de soldats étaient entrés dans les maisons. Le combat se poursuit acharné pendant plus d'une heure, de rue en rue, de maison en maison. Refoulés de tous côtés sur la place du Marché, les défenseurs rendent enfin les armes.

La 12e brigade avait marché par la grande route du Mans. Arrivée à Saint-Hubert-des-Rochers, elle s'emparait d'un convoi de vivres abandonné. Puis apercevant sur sa droite Champagné fortement occupé, tandis que devant elle une colonne débouche venant d'Ivrée, elle s'arrête et tient tête des deux côtés. Vers une heure, cinq compagnies se forment à cheval sur la grande route, et trois font face à Champagné. Sous la pression de cette attaque, les Français abandonnent Champagné et les lignes du chemin de fer.

Pendant ce temps, le 64e régiment s'était emparé de Saint-Mars-la-Bruyère.

Le IIIe corps avait perdu 450 hommes, mais il avait fait 5,000 prisonniers et avait atteint les bords de l'Huisne. En retour, il avait perdu le contact des corps voisins ; le IXe seul resté en arrière pouvait lui venir en aide.

Marche du XIIIe corps.

Dans le XIIIe corps, la 17e division devait descendre la rive gauche de l'Huisne, et la 22e la rive droite. On trouve les Français immédiatement dans les environs. Le combat commence aussitôt, et un détachement est envoyé sur la rive droite, attaquer les Cohernières. Mais les Allemands sont contenus par la résistance intrépide de l'amiral Jaurès. De son côté, la 22e division est arrêtée par le château de Couléon. Ce n'est qu'avec beaucoup de peine qu'elle parvient à s'en emparer. Mais ce succès ne se renouvelle pas, et les Allemands sont maintenus jusqu'à la nuit au pied des hauteurs. La partie de la 17e division qui était restée sur la rive gauche arrivait devant la Belle-Inutile et tâchait en vain de déposter les troupes qu'elle avait devant elle. La nuit venue, on plaçait les avant-postes des deux côtés, face à face sur le même terrain, prêts à recommencer la lutte le lendemain, dès la pointe du jour.

Réflexions sur la journée du 10 décembre.

De notre côté, la situation était critique. Le 17e corps n'avait pas attaqué Ardenay, comme cela lui était prescrit par l'ordre de la veille. Le IIIe corps avait percé à Changé et pouvait barrer la route aux troupes du général Jouffroy. Le village de Champagné, qui domine le plateau d'Auvours, était entre les mains de l'ennemi. Le général Chanzy ordonne au colonel Rébell de quitter les Arches qu'il avait si vaillamment défendues pendant la journée, de venir occuper le plateau des Granges jusqu'au Tertre, en arrière de Changé, et de garder cette position jusqu'à l'arrivée du général Jouffroy. Il ordonne au général Goujard de réoccuper Champagné à tout prix pendant la nuit. Le colonel Belle exécutait vaillamment cet ordre. Les Allemands, surpris dans le village, l'abandonnèrent rapidement, et le colonel Belle en faisait barricader les issues. Enfin, le général en chef mettait à l'ordre du jour qu'il était autorisé à enlever son commandement à tout commandant de corps d'armée qui n'obéirait pas aux ordres reçus.

Il y a plusieurs réflexions à faire sur cette journée.
1º Les ordres de marche des Prussiens, que nous
n'avons pas reproduits, placent une batterie en queue
de l'avant-garde, et les autres batteries à la queue
du gros. Cette modification à l'ordre normal est
sagement motivée par ce fait que le terrain ne se
prête pas au déploiement de l'artillerie, qu'en outre
il présente rarement des champs de tir convenables,
et qu'enfin la traction est extrêmement difficile sur
des chemins désorganisés par des gels et des dégels
alternatifs.

2º Le IIIᵉ corps, qui s'était si brillamment conduit
le 16 août, sous les ordres du général Alvensleben, a
exécuté avec une précision et une intelligence remarquables les diverses opérations dont il était chargé.

3º La nature du pays et la difficulté des communications n'ont guère permis de lier les divers corps qui
ont tous agi isolément. Il en résulte que le IIIᵉ corps
est en pointe, que le Xᵉ corps est considérablement en
retard.

4º On remarquera quelle énorme influence a eue
le combat de Saint-Amand sur l'aile gauche allemande. Les ennemis y avaient éprouvé des pertes dont
nous avons relevé l'insignifiance, et cependant cette
affaire avait suffi pour empêcher l'arrivée opportune
du Xᵉ corps.

5º Nous rappellerons que dans les deux armées les
ordres des commandants en chef ne s'occupent que de
l'attaque et de la résistance de front.

6º La retraite excentrique du général Jouffroy sur
Mulsanne créa un vide autour de Changé, et ne permit pas à ses troupes de prendre part au combat. Les
suites de cette mesure furent aggravées par la retraite
vers le nord des troupes qui avaient combattu entre

Changé et Amigné. Ce fut avec beaucoup de raison que le général Chanzy prescrivit à ses troupes de reprendre position pendant la nuit au sud de Changé, pour attendre l'arrivée du général Jouffroy.

7° Les lignes des deux partis étaient trop étendues. Les Prussiens étaient privés du X° corps. Le IX° corps ne donna pas. Le XIII° corps opérait sur les deux rives de l'Huisne, ce qui est presque toujours dangereux. Les Français n'avaient ni le général Jouffroy, ni les 10,000 hommes du général de Curten.

8° La disposition des troupes du général Chanzy ne lui permettant pas de tenter avec toutes ses troupes une offensive résolue sur la route de Paris, il semble qu'il eût dû se porter sur son aile droite, y rallier les généraux Jouffroy et de Curten, et attaquer l'aile gauche du prince Frédéric-Charles. Celui-ci eût été certainement privé de la présence du XIII° corps.

Positions des deux partis le 11 au matin.

A la suite de cette journée, la disposition des troupes était la suivante : Le XIII° corps venant de Nogent-le-Rotrou, en descendant les deux rives de l'Huisne, était à hauteur de Connerré, à plus de 20 kilomètres du Mans. Il avait devant lui le 21° corps, commandé par l'amiral Jaurès, à Pont-de-Gesnes. Le front du 21° corps faisait avec la direction de la rivière un angle presque droit. Le III° corps, venant de l'est, était parvenu à toucher l'Huisne en deux points, à Champagné et aux Arches en dessous d'Ivré. Son aile droite était au premier de ces villages, son aile gauche à Changé. Mais son centre était encore séparé de la rivière par le plateau d'Auvours, petite éminence couverte de

fermes, qui s'élève d'une soixantaine de mètres au-
dessus du pays, et forme le cercle de l'arc décrit par
l'Huisne, entre Champagné et les Arches. Entre l'aile
droite du IIIe corps, à Champagné, et les troupes les
plus avancées du XIIIe, il n'y avait pas moins de
12 kilomètres. L'aile gauche du IIIe corps touchait à
la rivière, aux Arches, puis décrivait, en s'en éloignant,
une courbe autour de Changé, pour faire face au faubourg de Pontlieue que la ville du Mans projette sur la
rive gauche de l'Huisne. Le Xe corps était en route de
Château-du-Loir, sur Pontlieue; mais il était encore à
Grand-Lucé, à plus d'une journée de marche. Le
IXe corps seul pouvait seconder le IIIe dans la journée
du 11. De notre côté, la division Pâris occupait le
plateau d'Auvours, soutenue par la division Goujard,
détachée du 21e corps et placée à Ivré-l'Evêque. Les
divisions Jouffroy et Roquebrune, se reliant à la division
Pâris, étaient devant Changé. A leur droite, protégeant le faubourg de Pontlieue, était la division De-
planque, à qui les 2e et 3e divisions du 16e corps servaient de réserve. Des gardes nationales, venues du
camp de Conlie, étaient postées à l'extrême droite, sur
la route de Tours, en avant de Pontlieue. Enfin, sur
la route de la Flèche, était la division Barry. Le
front des deux armées avait plus 25 kilomètres d'é-
tendue.

La position de l'armée française était, bien que défectueuse, meilleure que celle des Allemands. La
liaison du 21e corps au reste de l'armée était bien
mieux assurée que celle du XIIIe allemand avec les
autres corps. Dans les deux armées, cette jonction
était un point faible. Pour les uns comme pour les
autres, il eût été avantageux d'agir en ce point pour
percer la ligne de l'adversaire. Pour nous, la réussite

d'un tel projet eût été particulièrement avantageuse, parce que nous aurions été sur la route de Paris. Mais le besoin de rallier les troupes du général Jouffroy forçait le général Chanzy de se reporter sur son aile droite. Là se trouvait encore un point faible pour l'ennemi, puisque le Xe corps était encore fort en arrière. C'était donc là qu'il fallait attaquer, quoique les résultats à obtenir sur ce point fussent bien moins sérieux que sur l'autre.

Les Allemands ne comptaient en tout que 58,000 fantassins et 16,000 cavaliers avec 324 pièces de campagne. La cavalerie et l'artillerie étaient paralysées par la nature du terrain. C'étaient donc environ 60,000 combattants divisés en trois groupes. Le plus fort de ces groupes était celui du IIIe et du IXe corps qui à eux deux ne comptaient que 26,000 hommes; car ce dernier avait détaché la 25e division hessoise à Gien et à Blois. Nous avions donc au centre une grande supériorité numérique.

Le prince Frédéric-Charles s'était borné à donner au IXe corps l'ordre de s'avancer sur Champagné, pour y remplacer la 12e brigade, qui devait venir sur Changé dès qu'elle serait relevée. On a lieu de s'en étonner; car si l'armée prussienne avait jusque-là repoussé nos troupes, elle n'en était pas moins arrivée au point central, où nous étions en forces considérables; séparée en groupes éloignés les uns des autres, elle se trouvait dans une position critique, qui pouvait être suivie d'un désastre. Sans doute nos troupes, toujours battues et démoralisées, permettaient une certaine liberté de mouvements à notre ennemi; mais néanmoins ce n'était point une chose sage que de négliger toute précaution contre d'aussi dangereuses éventualités.

L'ennemi reprend Champagné.

Dès le matin, la 12ᵉ brigade ouvrait l'attaque contre Champagné. La neige avait cessé de tomber; tous les détails du champ de bataille, tous les mouvements, apparaissaient nets et distincts sur la blancheur éclatante du sol. Le village est d'abord canonné par quatre pièces. Quand ce feu a duré quelque temps, deux bataillons se portent contre le village. La fusillade s'engage dans les rues, et surtout aux abords de l'église. Vers onze heures, nos troupes sont forcées de céder, et se retirent sur les hauteurs de l'autre côté de l'Huisne, et l'ennemi s'empare du pont qu'il barricade. Les deux bataillons restent à la garde de Champagné, et dès midi les autres fractions de la brigade se dirigent sur la Lune-d'Auvours et les Arches; car à ce moment le IXᵉ corps entrait en ligne.

Du côté de Changé, la lutte était extrêmement vive, si bien que le prince Frédéric-Charles envoyait à midi au Xᵉ corps l'ordre d'arriver le plus tôt possible sur le champ de bataille.

Attaque et défense du plateau d'Auvours.

Vers une heure, le général de Manstein recevait l'ordre d'enlever le plateau d'Auvours. On attaquait ainsi de front une position qui serait tombée d'elle-même, si les deux corps d'armée, passant par Champagné, avaient tenté de percer notre centre. L'avant-garde, grossie des troupes qui ont pris Champagné, monte sur le plateau par des chemins profondément encaissés et remplis de neige. Deux batteries la suivent, et parviennent, après les plus grands efforts, à s'installer à l'est de Villiers. Pendant qu'un bataillon suit les bords de l'Huisne, les autres se déploient sur le plateau. Ils se trouvent en proie aux mitrailleuses; leur feu les décime. Une compagnie se lance contre la batterie et, après un combat de quelques instants, parvient à s'emparer de trois mitrailleuses. En même temps, Villiers est attaqué et enlevé malgré les feux fournis sur le flanc droit des assaillants par la ferme du Haut-Taillis. Les retours offensifs pour reprendre possession des mitrailleuses et de la ferme sont repoussés. L'ennemi, une fois en possession définitive de ce point, tourne ses attaques sur le Haut-Taillis. Les défenseurs de cette ferme, en proie aux feux de front et de flanc, sont enfin forcés d'abandonner la place. Successivement l'ennemi parvient à occuper toute l'étendue du plateau, et s'empare encore de trois pièces postées sur la lisière sud. La division Pâris en désordre descend les pentes qui conduisent à l'Huisne, et se présente pour passer la rivière. La division Goujard les reçoit sans se troubler, et ses batteries, postées au Luart et à la Croix, sur les hauteurs dominantes de la rive droite, ouvrent un feu violent sur le plateau. Enfin, sur l'ordre du général Chanzy, toute la division s'ébranle, et gravit le plateau. Elle se déploie bravement sous le feu de l'ennemi. Il était 5 heures 1/2 du soir, et, malgré la neige, on ne voyait plus guère que la lueur des feux. Après une charge brillante, nous reprenons possession du plateau; le général avait son cheval percé de six balles et était nommé commandeur de la Légion d'honneur sur le champ de bataille. Les combats partiels se prolongeaient assez avant dans la nuit, jusqu'à ce que les deux partis épuisés prissent leurs mesures pour se préserver du froid de la nuit.

Combat du IIIᵉ corps prussien et du 16ᵉ corps français.

Le IIIᵉ corps avait en face de lui une ligne très forte couverte d'ouvrages de tout genre. Dès neuf heures du matin, l'amiral Jauréguiberry amenait toutes les troupes attendues et garnissait le pont de forces importantes. Le général Alvensleben reconnut qu'il ne pouvait tourner la position et se décidait à l'attaquer de front. Afin d'attendre la 12ᵉ brigade, qui devait venir de Champagné, il n'engageait la lutte qu'à onze heures du matin. La 11ᵉ brigade se met en mouvement en longeant le ruisseau du Gué-Perray, et déploie un bataillon sur son flanc droit pour répondre au feu qui part du plateau d'Auvours. Trois compagnies s'établissent au château des Arches, et font face aux attaques qui partent d'Ivré, sous une canonnade violente partant de la rive droite. Pendant ce temps, le 20ᵉ régiment cherchait à avancer le long du chemin aux Bœufs; un bataillon occupait le château des Noyers; deux autres se dirigeaient sur les Grauges. La lutte devient extrêmement vive; l'amiral Jauréguiberry dirige sur ce point des renforts incessants; et l'ennemi est sur le point d'être enveloppé sur les deux ailes. L'ennemi amène son effectif tout entier en première ligne. Un grand nombre d'officiers restent sur le terrain, et le manque de munitions se fait déjà sentir, lorsque arrive la 12ᵉ brigade. Ranimée par ce renfort, la 11ᵉ attaque à diverses reprises une carrière d'argile et la ferme des Granges, qui, prise et reprise plusieurs fois, finit par rester entre nos mains. Plus à gauche, la 10ᵉ brigade parvenait à s'emparer du Tertre et du Grand-Auneau ; mais elle était arrêtée par les forces imposantes placées autour de Pontlieue. La 9ᵉ brigade coopérait à l'enlèvement du Tertre, s'emparait de deux pièces placées au carrefour du Chemin aux Bœufs aux prix d'un combat long et sanglant qui se prolongeait bien avant dans la nuit.

Quant à la 12ᵉ brigade, elle n'était arrivée sur le lieu du combat qu'à deux heures de l'après-midi. Elle ne possédait plus que trois bataillons ; les trois autres ayant été laissés à Champagné et à la Lune-d'Auvours. Le château des Arches avait été réoccupé par nous pendant la lutte contre la 11ᵉ brigade. Ces troupes fraîches parviennent à nous en chasser aussitôt, se déploient le long de l'Huisne, et se maintiennent jusqu'à la nuit sous un feu d'artillerie écrasant venant des hauteurs de la rive droite.

Dispositions du prince Frédéric-Charles dans la journée du 13.

Les avant-postes des deux partis s'établissaient face à face, tandis que le gros des troupes se reportait plus en arrière. La bataille était encore indécise, car des deux côtés nous nous retrouvions, à très peu près, sur le même terrain. Le prince Frédéric avait reçu du XIIIᵉ corps une dépêche datée de dix heures du matin ; il n'avait aucune nouvelle du Xᵉ. Comprenant alors la faute qu'il avait faite en attaquant de front, il ordonnait, vers 4 heures 1/2, au général de Manstein de s'ouvrir le passage de l'Huisne à Champagné, tout en gardant le plateau d'Auvours, dans le but d'attaquer notre gauche le lendemain. Le général de Manstein faisait exécuter cet ordre par la 35ᵉ brigade. Un régiment et une batterie passaient l'Huisne, et allaient prendre position sur les hauteurs de la rive droite d'où elles dépostaient les troupes françaises. Les avant-postes s'établissaient à la Sauvagerie et à la Croix.

Marche et combats du XIIIᵉ corps dans la journée du 13.

Le XIIIᵉ corps s'était engagé de son côté. Il n'avait laissé sur la rive gauche de l'Huisne que l'avant-garde de la 17ᵉ division. Tout le reste des troupes s'était porté sur la rive droite. La matinée était occupée à remettre de l'ordre dans les rangs de la 22ᵉ division, un peu désorganisée par le combat de la veille. Pendant que cette opération se faisait, les deux généraux reconnaissaient le terrain, et à 11 heures l'action s'engageait. Les points attaqués étaient les Cohernières, le Chêne-Saint-Célerin et la Chapelle-Saint-Remy. A midi l'action était générale. Après avoir longtemps résisté, le général Collin, jugeant sa position très étendue, se replie sur la deuxième position, qui lui avait été indiquée entre Saint-Corneille et Lombron. Le terrain était alors énergiquement maintenu, et toutes les attaques échouaient devant la ferme résistance de l'amiral Jaurès.

Marche du Xᵉ corps sur le Mans. — Enlèvement de la Tuilerie.

Le Xᵉ corps avait marché de Grand-Lucé sur Mulsanne, laissant la 14ᵉ brigade de cavalerie, appuyée de quelque infanterie, continuer sa marche directe par la route du Mans. Cette brigade échouait dans une tentative sur les châteaux de Chef-Raison et de la Paillerie, et rétrogradait le soir sur Parigné.

De même, un détachement lancé sur Écommoy y arrivait à 7 heures du soir, et était forcé de rétrograder après un combat dans les rues du village.

Le gros du X° corps avait continué sa route sans encombre, au bruit de la canonnade qui retentissait dans le nord, lui annonçant que le III° corps était au feu. Il était bien difficile sur ce sol détrempé de marcher au canon, et l'on continuait d'avancer droit devant soi. A 4 heures 1/2, on recevait l'ordre expédié par le prince Frédéric-Charles à midi. Le meilleur moyen d'obéir était d'avancer sur le Mans. Les troupes étaient exténuées de fatigue et n'avaient pas mangé depuis le matin. Le général de Voigts-Rhetz donnait néanmoins l'ordre de reprendre la marche. Il faisait déjà nuit quand on se trouvait en face des Mortes-Aures. Plusieurs étages de tranchées-abris défendaient cette position et entretenaient un feu roulant sur tout le terrain en avant. Après une fusillade assez vive, un bataillon du 17° se jette sur les lignes. Les mobilisés de Bretagne les attendent, font feu à bout portant, puis abandonnent la position et se réfugient dans le bois en arrière. Une deuxième attaque, dirigée sur la Tuilerie, a le même succès. Le général Chanzy ordonne de reprendre immédiatement la position. Le général Le Bouëdec, commandant une brigade combinée, réunit ses troupes et les lance dans la direction de la Tuilerie. Mais au bout de quelques pas les troupes s'arrêtent, exténuées de fatigue, se couchent dans la neige et finissent par prendre la fuite. Le colonel Marty essaye d'amener au feu d'autres troupes; il ne réussit pas mieux. A 10 heures 1/2, ces positions étaient perdues sans ressource.

Vers 2 heures du matin, la colonne de flanqueurs du X⁰ corps venait donner contre les avant-postes de la division Deplanque. Ces troupes, qui avaient si vaillamment combattu dans cette campagne, pliaient à leur tour. L'amiral Jauréguiberry appelait au secours la brigade Desmaison; mais elle ne comptait plus que 6 ou 700 hommes et n'obtenait aucun succès.

Ces derniers engagements troublaient toute la nuit. Les deux armées restaient sur pied, préoccupées d'éviter le froid et de se procurer quelque nourriture avant les combats du lendemain. Nous avons fait dans le cours du récit les réflexions que suscitent ces opérations. Elles se réduisent à trois principales : 1° trop grande étendue du front des deux partis; 2° du côté des Allemands, séparation dangereuse des corps d'armée; 3° des deux côtés, impuissance à deviner le point faible de l'adversaire.

Le général Chanzy ordonne la retraite.

Le général Chanzy ne voulait pas abandonner la lutte. Bien que l'on eût éprouvé toutes les peines du monde à arrêter les fugitifs, que l'on eût même tiré sur eux sans succès, il ordonnait de reprendre la Tuilerie et de se maintenir sur le plateau d'Auvours. Ce n'est que vers 8 heures du matin, et en présence de l'impossibilité absolue et bien constatée de ramener les troupes au feu, qu'il se décidait à ordonner la retraite. L'armée devait aller prendre position entre Prez-en-Pail et Alençon. Quatre jours étaient consacrés à cette marche rétrograde.

Les Allemands, du reste, étaient eux-mêmes à bout
de forces. Le IIIe corps surtout, épuisé par des marches
et des combats continuels, n'ayant pas reçu de distri-
butions, était incapable de fournir une attaque quelque
peu vigoureuse contre les hauteurs. Une neige épaisse
couverte d'une croûte de glace ralentissait à la fois la
retraite et la poursuite. Dans les deux armées, beaucoup de soldats marchaient en pantalon de toile et
avec des chaussures déchirées. Les nuits surtout
étaient extrêmement pénibles à passer. Le prince Frédéric-Charles ordonnait au IXe corps d'enlever le
plateau d'Auvours, tandis que les IXe et X^e attaqueraient le faubourg de Pontlieue.

Les Prussiens entrent au Mans.

La retraite de l'armée française était favorisée par
l'heure tardive des attaques prussiennes. La rigueur
de la saison en était cause. Dès 6 heures du matin,
deux compagnies françaises tâchaient de faire sauter
le pont au-dessous du château des Noyers ; mais elles
étaient repoussées et perdaient leur matériel. Du côté
de Pontlieue, une attaque vigoureuse des avant-postes
protégeait la retraite des troupes, et ce n'était que vers
11 heures que l'ennemi s'apercevait du mouvement.
L'ordre est donné à la 10e brigade de marcher à notre
suite. Elle communiquait alors avec le Xe corps qui
venait par la route de Mulsanne à Pontlieue. Celui-ci
combattait aux Épinettes, et vers 2 heures de l'après-
midi la 20e division pénétrait dans le faubourg. A l'arrivée de l'ennemi, le capitaine du génie Joly charge à
la tête de ses sapeurs pour assurer le passage des dernières troupes. Les têtes de colonne sont repoussées

au loin par cette attaque conduite avec une vigueur irrésistible. Le capitaine Joly revient ensuite et met lui-même le feu au pont. Malheureusement, au milieu du passage incessant dont le pont était le théâtre, il était impossible de travailler avec une certitude absolue du résultat, et le pont ne sautait qu'incomplètement. L'ennemi parvenait à franchir la rivière sur ses débris. Il se dirigeait immédiatement sur la gare, où l'on entendait les sifflets répétés des trains en partance. La ville était pleine de soldats dont la brigade Bourdillon protégeait le départ. La lutte durait dans les rues pendant plusieurs heures. La place des Halles, notamment, était le théâtre d'un combat acharné. Ce n'était que vers la nuit tombante que les derniers débris de l'armée abandonnaient la ville aux vainqueurs. De nombreux prisonniers et un matériel important restaient entre ses mains. Pendant ce temps, le IXe corps avait occupé sans difficulté le plateau d'Auvours.

Le XIIIe corps, se portant en avant, trouvait Lombron déjà évacué; les routes couvertes d'armes et d'effets abandonnés attestaient à l'ennemi notre retraite et notre démoralisation. Il recueillait de nombreux prisonniers et arrivait sans obstacle jusqu'à Saint-Corneille. Ce n'est qu'à ce village qu'on en venait aux mains. L'affaire ne durait que quelques moments, et se terminait avec la journée par l'abandon de la position.

La 3e division du 21e corps se trouvait encore à la Croix, près de Chanteloup, quand l'ennemi y arrivait. Elle était refoulée sur Sillé-le-Philippe par la 17e division, et abandonnait encore un grand nombre de prisonniers.

Résultats de la bataille du Mans. — Derniers combats.

Dans ces sept journées, l'armée allemande avait perdu environ 200 officiers et 3,200 hommes. La proportion des morts aux blessés était de 2,6 p. 100, ce qui est un chiffre énorme. La plus forte perte portait sur le 20e régiment appartenant au IIIe corps et qui avait concouru à l'attaque du château des Arches et du Gué–la–Hart. Il avait perdu 151 hommes dont 42 de morts et 103 blessés. C'est à ce prix que les Allemands avaient conquis 20,000 prisonniers, 17 bouches à feu et 2 drapeaux.

Le général Chanzy, en battant en retraite, revenait à ses idées premières et se proposait de rallier le 19e corps à Alençon et de tenter avec ce renfort une marche sur Paris. Son plan était encore une fois rejeté par le ministre de la guerre. Le 19e corps n'était pas encore prêt à marcher, et de plus, en gagnant un pays découvert, la 2e armée de la Loire se serait exposée sans protection aux entreprises d'un redoutable ennemi, aux atteintes duquel elle n'avait échappé que grâce aux facilités que présentait pour la défense le pays qu'elle occupait.

Les Allemands avaient aussi besoin de repos. Du reste, la IIe armée pouvait à chaque instant être rappelée, soit sur la Loire, soit sur la Seine. Le prince Frédéric-Charles ordonnait donc de se cantonner autour du Mans, se contentant de confier quatre bataillons du Xe corps au général de Schmidt. Cette infanterie se mettait en route par Laval le 13 janvier, renforçant une longue colonne de onze escadrons et deux batteries. Quelques affaires sans importance avaient

lieu dans la journée. La retraite s'opérait en grande
hâte et non sans désordre. La plupart des gardes nationales de Bretagne se débandaient et rentraient dans
leurs foyers ; les troupes restées à Conlie en faisaient
autant après avoir pillé le camp. Il ne restait sous les
drapeaux que ceux qu'y maintenaient l'amour du devoir ou une sévère discipline. Le reste n'était plus
qu'une bande de fuyards indisciplinés que n'arrêtait
même pas la crainte du châtiment qui fut infligé à
quelques-uns d'entre eux. La retraite continuait le
13 et le 14 sans autres incidents que quelques escar-
mouches. Le 15 seulement, le général Chanzy ordonnait d'arrêter l'ennemi. A la suite de cet ordre, trois
combats avaient lieu dans la journée à Saint-Jean-
sur-Erve, à Sillé-le-Guillaume et à Alençon. Partout
l'ennemi était contraint de faire halte. Ces trois actions arrêtaient définitivement l'ennemi et mettaient
fin à la poursuite, et l'armée de la Loire pouvait sans
être inquiétée gagner la Mayenne.

Le même jour, le prince Frédéric-Charles recevait
l'ordre d'acheminer le XIII⁰ corps sur Rouen.

Dans cette lutte acharnée commencée avec les premiers jours de décembre, la 2⁰ armée de la Loire avait
perdu 25,000 hommes dans les combats en avant du
Mans, et un bien plus grand nombre encore à la suite
de cette dernière bataille. Les jours suivants n'étaient
signalés par rien d'important. Le gouvernement français était parvenu à former à Vierzon le 25⁰ corps,
commandé par le général Pourcet. Mais il était arrivé
à l'extrême limite de ce que pouvait fournir le recrutement. Ce corps tentait le 28 janvier une attaque
inutile sur le faubourg de Vienne. Ce même jour, les
deux adversaires recevaient la nouvelle qu'il avait été
conclu entre les belligérants un armistice de trois
semaines commençant le 31 janvier, à midi.

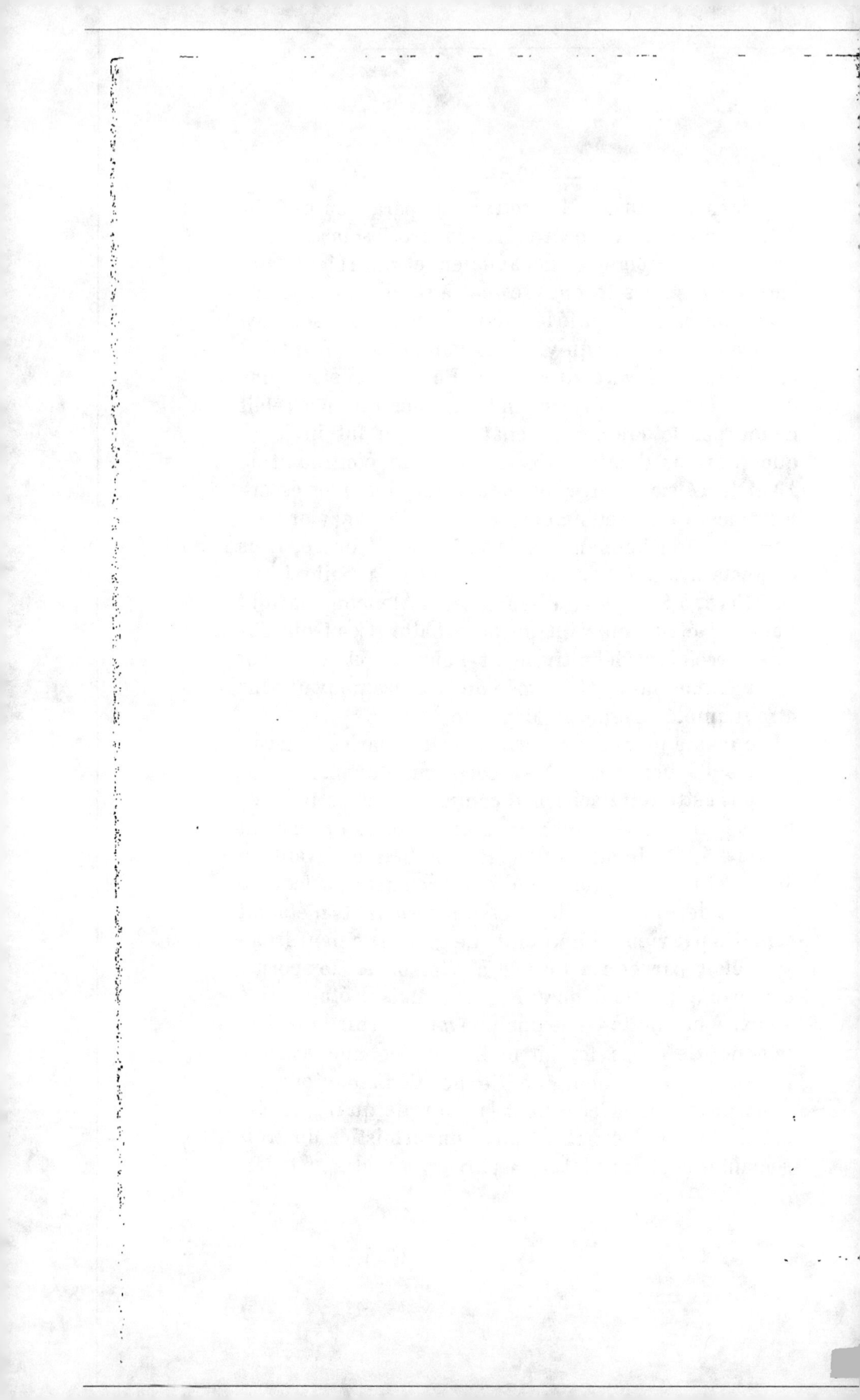

CHAPITRE VI.

OPÉRATIONS DANS LE NORD. — BATAILLE DE BAPAUME.
CAPITULATION DE PÉRONNE. — BATAILLE DE SAINT-QUENTIN.

Opérations dans le Nord.

Au commencement de janvier, le Ier corps prussien était concentré à Rouen; le VIIIe, sur la Somme, occupé au siège de Péronne. Pour cette opération, la 31e brigade avait relevé devant les murs de la place la 3e, qui était allée rejoindre le 1er corps à Rouen. Elle avait avec elle six batteries du VIIIe corps et la 3e division de réserve. Les 29e, 30e et 32e brigades formaient au nord de Péronne un corps d'observation cantonné autour de Bapaume. Deux brigades de cavalerie occupaient, l'une la droite, l'autre la gauche de ce déploiement. A l'extrème droite, la 12e division de cavalerie occupait le Catelet. Le général Manteuffel songeait à rappeler la 14e division devenue libre par la chute de Mézières. Mais le grand quartier général en avait disposé autrement et l'avait envoyée à Mitry. Avant de partir pour sa nouvelle destination, la division envoyait un détachement essayer un coup de main sur Rocroy. Après un bombardement de quatre heures, on reconnaissait l'impossibilité de s'emparer de la place, et les troupes étaient déjà en pleine retraite, quand le lieutenant de Förster, adjudant de la brigade, annonçait qu'il avait décidé le commandant de la place à capituler. Rocroy était occupé le soir même; en même temps que la place, la capitulation cédait 300 prisonniers, 72 bouches à feu, un grand nombre d'armes et des approvisionnements considérables. Les Allemands n'avaient eu qu'un homme blessé. Cette faiblesse coupable montrait à quel point la démoralisation avait gagné certains esprits.

Projets du général Faidherbe.

Après la bataille de l'Hallue, le général Faidherbe s'était replié sur Arras, pour refaire son armée, et après quelques jours de repos il se reportait en avant pour dégager Péronne. Il avait à sa disposition les 22ᵉ et 23ᵉ corps. L'un et l'autre ne comptaient que deux divisions. Chaque brigade avait un régiment de marche et un de garde mobile. Pour ces deux corps d'armée, on n'avait pu réunir que 5 escadrons 1/2 de cavalerie et 15 batteries. L'armée se mettait en mouvement le 1ᵉʳ janvier. A gauche, le 23ᵉ corps s'avançait sur Bapaume, et, à droite, le 22ᵉ se dirigeait sur Bucquoy et Achiet-le-Grand. Le 2 janvier, vers 10 heures du matin, la division Derroja, du 22ᵉ corps, se heurtait aux avant-postes ennemis, près de Bienvillers-aux-Bois, et les dépostait sans peine. En même temps, la division Payer, du 23ᵉ corps, attaque et emporte Béhagnies. L'ennemi rétrograde sur Sapignies où se déploie une ligne d'infanterie renforcée de deux batteries. En arrière, un régiment venait de Bapaume pour servir de réserve. Nos troupes sont hardiment conduites à l'attaque; les Prussiens plient d'abord et déjà leur artillerie amène ses avant-trains, quand nos tirailleurs sont culbutés par la charge de deux pelotons de cavalerie, suivie d'une attaque générale de l'infanterie. Ils rétrogradent alors : le mouvement en arrière se propage peu à peu, et ne s'arrête pas, même à Béhagnies, dont l'ennemi reprend possession, mais sans oser le dépasser sous le feu de notre artillerie.

La division Robin, du 23ᵉ corps, s'était portée plus à gauche de Béhagnies. Elle repoussait facilement une compagnie placée à Mory ; mais elle s'arrêtait devant Favreuil et Beugnâtre, trompée sur le nombre des ennemis par un développement exagéré donné par ceux· iaux troupes dont ils disposaient.

La division du Bessol avait attaqué avec succès Achiet-le-Grand, à la droite de la route d'Arras à Bapaume. La division Derroja, qui avait agi au Bucquoy, à l'extrême droite, se portait sur la gauche, dans la soirée, pour se lier plus étroitement avec elle.

Les Allemands laissaient un régiment dans Favreuil ; la 29ᵉ brigade faisait occuper Beugnâtre et Frémicourt à l'est de la route d'Arras, et Avesnes, Biefvillers et Grévillers à l'ouest de cette même route. La 15ᵉ division occupait Bapaume, tandis que la cavalerie du comte von der Grôben se cantonnait à l'extrême gauche, sur la route d'Albert.

Bataille de Bapaume, le 3 janvier.

Pour la journée du lendemain 3 janvier, le général Faidherbe avait le projet de percer jusqu'à Péronne. Ses troupes étaient réunies sur un front de 8 kilomètres. Le général Faidherbe n'était pas tombé dans ce défaut si commun d'embrasser plus que l'on ne peut étreindre. Le général prussien von Grôben s'était contenté d'adopter la méthode générale que nous avons vu appliquer devant Orléans par le prince Frédéric-Charles et qu'il allait répéter devant le Mans. Il se contentait de résister au centre, tandis qu'il tenterait de nous tourner sur les deux ailes. Le prince Albrecht, avec 8 escadrons, 3 bataillons et 3 batteries, devait tourner notre gauche, tandis que notre droite le serait par le général von der Gröben avec trois régiments de cavalerie, un bataillon d'infanterie et une batterie d'artillerie. Par précaution, on détachait du siège de Péronne deux batteries et un bataillon qui venaient se placer derrière Bapaume, au Transloy. Plus en arrière, à Silly-Saillisel, trois bataillons et une abtheilung montée se trouvaient prêts à marcher.

Dès le matin notre aile droite était aux prises avec la 7e brigade de cavalerie qu'elle n'avait pas de peine à maintenir. Sur ce point les Allemands étaient complètement impuissants.

Dès le début de la bataille la division du Bessol chasse l'ennemi de Biefvillers. L'ennemi cherche à y rentrer; la lutte s'engage acharnée dans le village et se termine en notre faveur, grâce à la brigade Aynès que la division Derroja envoie sur sa droite participer au combat. Les Prussiens se retirent en désordre et, abandonnant encore Grévillers, se rallient sur Avesnes, aux portes mêmes de Bapaume. Notre artillerie enfile la route d'Arras, tandis que nos tirailleurs descendent vers le sud, sur la route d'Albert, entourant Bapaume.

En face de Favreuil, notre artillerie, à peine sortie de Sapignies, avait été forcée de rétrograder pour se porter à hauteur du village. L'ennemi se maintenait en position à Beugnâtre, où venaient s'établir les deux batteries à cheval gardées jusqu'alors au Transloy. Néanmoins, vers midi, la position des Allemands était critique. Leur aile droite était sans appui, leur centre repoussé et maintenu par des feux croisés redoutables, leur aile gauche tournée. Le général de Kummer prenait la résolution de défendre seulement Bapaume et d'attendre l'effet des mouvements tournants qu'il avait prescrits. L'artillerie allemande s'était repliée autour de Bapaume. La première batterie lourde avait perdu 2 officiers, 17 hommes et les attelages de six voitures. Ses pièces étaient traînées par l'infanterie. La 29e brigade s'enferme dans Bapaume, la 30e se rassemble au sud de la ville, et les deux batteries à cheval, abandonnant les environs de Beugnâtre, reprennent leur position de réserve au Transloy.

Le général Faidherbe, ne voulant pas bombarder Bapaume, espérait la voir tomber entre ses mains en tournant l'aile gauche des Allemands. Il attendait donc les progrès de son aile droite. Il en résultait que, vers midi, il se produisait une pause assez prolongée sur le champ de bataille. Cependant nous avions occupé Avesnes, abandonnée par la 29e brigade, ainsi que le faubourg d'Arras. La brigade Aynès sort d'Avesnes pour attaquer la face ouest de Bapaume, tandis que la brigade Pittié, s'étendant plus à gauche, marche sur Tilloy. Le général de Grôben avait fait occuper ce village par un bataillon de chasseurs et par deux batteries venues de Saillisel. La brigade Pittié est reçue par un feu d'artillerie violent et finit par se replier vers 3 heures 1/2. Mais vers 4 heures, reformée de nouveau, elle est hardiment lancée sur le village, et s'en empare après une courte lutte.

A l'extrême droite des Allemands, deux escadrons de la garde battant l'estrade sur la route de Cambrai

avaient, dès le matin, aperçu une colonne venant de
Cambrai sur Bapaume. Ayant mis pied à terre, ils se
déployaient en tirailleurs et parvenaient à intimider
ces troupes qui, malgré leur supériorité (3 bataillons
et deux pièces) rétrogradaient sur Cambrai. Les deux
escadrons restaient en observation jusqu'au soir.

Les troupes du prince Albert s'étaient concentrées à Bertincourt ; vers 11 heures 1/2 elles recevaient l'ordre de marcher contre notre flanc gauche.
Le colonel Hertzberg, avec deux bataillons et deux
batteries, devait attaquer Favreuil, dont la division
Payen s'était emparé. Les deux batteries commencent
à canonner le village, puis l'infanterie prononce son
attaque ; elle arrive jusqu'à l'enceinte extérieure, puis
l'action s'engage à l'intérieur. Le général Faidherbe
lance alors ses troupes sur les deux flancs de la positions : à cette vue les Allemands battent en retraite et
ne s'arrêtent plus que sur la route de Cambrai.

Contre le côté nord de Bapaume, les Allemands
étaient plus heureux ; ils parvenaient à reprendre
possession du petit hameau de Saint-Aubin. Vers
4 heures et demie seulement nous portions en avant
une ligne de tirailleurs qui était bientôt forcée de
rétrograder sous le feu de l'artillerie. Enfin l'ennemi
tentait les plus grands efforts pour assurer sa gauche.
Un détachement de trois compagnies et de deux escadrons s'était rabattu de Miraumont sur Bapaume, au
bruit de la canonnade, et s'était rallié aux défenseurs
de Ligny, en face de Tilloy que nous occupions. On
dirigeait en outre sur ce point trois bataillons et demi.
Devant ce déploiement de forces nous abandonnions
Tilloy.

Résultats de la bataille.

La nuit était venue. Le général Faidherbe, craignant d'établir des troupes inexpérimentées au contact même de l'ennemi pendant la nuit, faisait évacuer le faubourg d'Arras et Avesnes. La division Derroja couchait à Grévillers, la division du Bessol à Bihucourt et Achiet-le-Grand, la division Payen à Favreuil et Béhagnies, la division Robin à Beugnâtre et Vaulx. Du côte des Allemands, la 15e division demeurait à Bapaume, Tilloy et Ligny ; les troupes du prince Albrecht, sur la route de Cambrai. L'ennemi avait perdu dans ces deux jours 52 officiers et 698 hommes; et les Français, 53 officiers et 2,066 hommes.

La nuit qui suivit la bataille fut extrêmement froide. Nos troupes, exténuées par le combat, eurent fort à souffrir des rigueurs de la température. Le général Faidherbe se crut obligé d'ordonner la retraite. Les Allemands, de leur côté, éprouvaient les mêmes rigueurs ; leurs munitions étaient épuisées, et eux aussi abandonnaient le champ de bataille. Bien plus, ils étaient prêts à abandonner le siège de Péronne ; les convois de l'armée de siège s'étaient rassemblés au sud de la rivière ; les troupes réunies se tenaient prêtes à marcher sur les points de rassemblement désignés ; enfin, une partie des pièces de gros calibre étaient retirées de leurs batteries. Ainsi les deux armées s'avouaient également vaincues. L'ennemi, ayant une très nombreuse cavalerie, tandis que nous en étions presque complètement privés, faisait suivre notre retraite par quelques escadrons. L'un d'eux se faisait anéantir dans les environs de Sapignies, par le feu d'un bataillon français qu'il avait l'imprudence de charger. Les autres étaient arrêtés par les difficultés du terrain et ne pouvaient réussir à sortir d'un chemin creux dans lequel ils s'étaient engagés. Pendant ce temps, la 15e division franchissait la Somme. Bapaume, d'abord évacuée, était ensuite réoccupée par la 3e division de cavalerie. Les Français rétrogradaient sur Arras.

Réflexions sur la bataille de Bapaume.

Il est facile, d'après le récit qu'on vient de lire, de voir les fautes commises par le général prussien. Trop faible en nombre pour résister à l'armée du Nord, il eût dû rappeler des troupes du siège de Péronne. Il n'en fit rien, se contentant de faire approcher quelques troupes qui devaient lui servir de réserve et qui furent employées dès le milieu de la journée. Il se fia pour sa sécurité à deux mouvements tournants. Déborder son adversaire sur ses deux ailes, quand on lui est inferieur en nombre, est une folie ; et c'est une folie plus grande encore de prendre pour un motif de sécurité les mesures mêmes par lesquelles on a accru le danger. A l'aile gauche, la cavalerie fut paralysée sans effort. Celle de l'aile droite ne remplit pas sa mission ; elle fut ramenée sur le champ de bataille avant qu'elle eût commencé à exécuter son mouvement.

Emploi de la cavalerie par petites fractions.

Le général Faidherbe avait vigoureusement conduit ses troupes. Sur tout son front il avait repoussé l'ennemi ; et s'il avait eu la constance de rester sur le champ de bataille, il aurait eu la joie de voir l'ennemi lui abandonner Bapaume et la ligne de la Somme.

Il y a dans le combat de Sapignies un épisode à remarquer. On y voit deux pelotons de cavalerie, chargeant à l'improviste une ligne de tirailleurs, en avoir facilement raison ; et cependant ces tirailleurs sont enhardis par leurs succès; ils voient devant eux l'artillerie ennemie qui amène déjà ses avant-trains. Néanmoins la charge réussit. Nous avons signalé dans cet ouvrage tant de charges de cavalerie inutiles, qu'il est bon de remarquer celle-ci. Cet épisode tend à justifier l'opinion si souvent formulée par Saint-Cyr et appuyée par lui de si nombreux exemples. Les grands corps de cavalerie ruinent les chevaux et sont inutiles, parce qu'ils ne trouvent jamais l'occasion de charger. Les préparatifs d'une charge exécutée par plusieurs régiments sont si longs que l'instant favorable a disparu depuis longtemps quand on est enfin prêt. Au contraire, la cavalerie disséminée par escadron trouve vingt occasions de charger là où une division de cavalerie n'en trouve pas une. Le moment favorable ne lui échappe jamais, parce que la charge peut toujours se produire instantanément. Il n'y a d'autre préparatif à faire pour le capitaine que de galoper en tête de son escadron. On voit que la campagne de 1870 fournit, elle aussi, des arguments en faveur de l'opinion de l'illustre maréchal.

Les Prussiens franchissent la Somme.

Deux jours après la bataille, la cavalerie se reportant en avant constatait que l'armée du Nord avait fait halte en avant d'Arras. On en concluait qu'elle se disposait à tenter un nouvel effort pour dégager Péronne. L'ennemi, sur ce rapport, franchissait la Somme en partie ; la 15e division se portait sur la ligne Braye-Albert, faisant face presque à l'est, dans l'intention de prendre en flanc l'armée du Nord dans son mouvement projeté. Mais le lendemain on apprenait que les troupes du général Faidherbe étaient toutes formées derrière leurs avant-postes, et le bruit courait qu'elles avaient reçu des renforts importants débarqués à Boulogne. Le général de Gröben se décidait alors à garder la ligne de la Somme, gardant provisoirement la 29e brigade à Albert et la 30e à Braye.

Siége et prise de Péronne.

Sur ces entrefaites, Péronne succombait. Cette petite ville est située sur la Somme, dont elle garde le cours. Elle interceptait les communications des Allemands entre la Fère et Amiens. La ville se compose d'une longue rue allant du sud-ouest au nord-est, Du côté nord, elle est prolongée par le faubourg de Bretagne, et de l'autre par le faubourg de Paris. La place est entourée d'une muraille à tracé bastionné. Les faubourgs sont défendus par des ouvrages à cornes. Elle est protégée par la Somme et par un canal, et des inondations défendent la plus grande partie des environs. Malheureusement elle est entourée de hauteurs dominantes, dont quelques-unes arrivent jusque sur la place. Le 23 novembre, des éclaireurs allemands avaient déjà paru devant ses murs, n'avaient point rencontré d'avant-postes, et avaient passé outre sans être inquiétés. En effet, la place se trouvait dépourvue de munitions et n'en recevait que le 4 décembre. La garnison était composée de 3,500 hommes appartenant presque tous à la garde mobile.

Immédiatement après la bataille de l'Hallue, le général Manteuffel envoyait devant la place 11 bataillons, 16 escadrons, 58 bouches à feu et une compagnie de pionniers. Ces troupes appartenaient en grande partie à la 3e brigade d'infanterie et à la 2e division de réserve. Elles arrivaient les 26 et 27 décembre. Le 28, la place était sommée de capituler, et sur le refus signifié, le bombardement commençait. Des incendies se déclaraient en peu de temps, qui, favorisés par un vent violent, réduisaient en cendres un grand nombre de maisons. La place ripostait énergiquement, non sans dommage pour les batteries ennemies. Le 29, le bombardement continuait; mais il se ralentissait et cessait même complètement le 30, à cause du petit nombre des munitions. Dans cette journée, l'ennemi recevait un parc de siège français, formé avec les pièces prises à la Fère et Amiens. Le 31, vers midi, la place exécutait une sortie vers le mont Saint-Quentin; mais les troupes ne s'écartaient pas beaucoup des remparts et rentraient bientôt sans aucun résultat, poursuivies par la fusillade des avant-postes.

Dans les journées des 1er et 2 janvier, l'ennemi établissait cinq batteries au sud-ouest de la place dans les environs de Biaches. De cette position, elles enfilaient la plus grande partie de la fortification.

Le 2 au soir, la place envoyait un parlementaire pour demander qu'on laissât sortir les bouches inutiles. Cette proposition refusée, le feu recommençait de part et d'autre. Le 3, le bombardement continuait; mais on entendait au loin le retentissement de la bataille de Bapaume, qui se livrait à 20 kilomètres au nord, et une partie du corps de siège se portait dans cette direction. Mais la place ne songeait nullement à profiter de cette circonstance; bien plus, une sortie projetée pour la nuit était contremandée. C'était d'autant plus fâcheux, que les assiégeants avaient pris toutes leurs dispositions pour partir, rassemblé leurs convois sur la rive gauche et désarmé une partie de leurs batteries. Le 4, cinq pièces seulement ripostaient au feu nourri de la place, et le lendemain huit. Le 6, l'assiégeant recevait un complément de dix pièces pour son parc de siège, et on lui annonçait l'arrivée de 28 autres, parties de Mézières. Il se décidait alors à renoncer au bombardement, et à procéder aux travaux d'un siège régulier. Il commençait les terrassements le 7, et était en mesure d'ouvrir le feu le lendemain. La place avait entretenu un feu très vif pendant la journée du 6 et la nuit suivante. On s'attendait donc à une résistance obstinée. Néanmoins, avant de commencer, l'assiégeant envoyait à la place une nouvelle sommation, qui était suivie d'une capitulation. Le 10 janvier, le général de Barnekow prenait possession de la place et de ses nombreux approvisionnements. Il achetait cette prise au prix de 10 morts et 50 blessés.

Sur la Seine-Inférieure, le Ier corps avait eu le 4 décembre un engagement sans importance dans la forêt de la Londe près des ruines du château de Robert-le-Diable.

Le général Faidherbe se décide à marcher sur Saint-Quentin.

Le 7 janvier, le général Manteuffel était appelé à d'autres fonctions et cédait au général de Göben le commandement de la Ire armée. Le nouveau général en chef se décidait à rester derrière la Somme et disposait ses troupes dans ce sens. De son côté le général Faidherbe reprenait les opérations : ayant reconnu les difficultés que présentait une attaque de la ligne de la Somme, il cherchait à la tourner. Cette rivière coule de Ham à Péronne dans la direction du sud au nord. Arrivée à Péronne elle se détourne à l'ouest vers Amiens. Les Prussiens occupaient la portion d'Amiens à Péronne. En portant son armée à l'est de Péronne sur Saint-Quentin, on tournait le flanc droit de la position ennemie et l'on inquiétait ses communications avec la Fère. Par contre, on s'exposait à être soi-même attaqué sur son flanc droit. Mais peu importait d'être menacé sur ce flanc si l'on arrivait en vue de Paris. Du reste, le général en chef espérait, en cas d'échec, pouvoir regagner Cambrai et se mettre à l'abri des places du Nord. Il ordonnait donc la marche sur Saint-Quentin. Son armée s'était renforcée sur ces entrefaites de la brigade du colonel Isnard formée avec des régiments de marche, et d'une brigade de garde nationale mobilisée commandée par le général Pauly. Il allait donc affronter l'ennemi avec 71 bataillons, 5 escadrons et 99 bouches à feu. Le 17 janvier, la division Derroja occupait Caulaincourt et Vermand; la division du Bessol, Pœuilly, Haucourt et Bernes; la division Payen, Vendelles, et la division Robin, Épéhy. La brigade Pauly arrivait à Bertincourt;

la brigade Isnard était à Saint-Quentin où elle s'était établie la veille. Ainsi placée, l'armée avait trois divisions massées à l'ouest de Saint-Quentin, une brigade en avant de son front dans la ville, et une division et demie en réserve dans les environs de Cambrai.

Mouvements des deux partis.

Les premiers mouvements de l'armée du Nord avaient déterminé chez l'ennemi plusieurs fausses manœuvres, causées par l'ignorance où il se trouvait du point sur lequel elle se dirigeait. Le revers qu'il avait éprouvé à la bataille de Bapaume avait laissé des traces; et l'on se préoccupait de réunir toutes les forces disponibles pour résister à un adversaire dont les coups étaient à craindre. C'est ainsi qu'on demandait des secours au Ier corps à Rouen, et à l'armée de la Meuse devant Paris. On faisait rentrer tous les convalescents dans les rangs. Un certain nombre de troupes arrivait en effet de Rouen; on les réunissait à la 3e brigade et l'on formait ainsi une division combinée du Ier corps, que l'on joignait aux troupes commandées par le comte von der Gröben. Pour le 18 au matin, l'ordre était donné à la 15e division et au comte von der Gröben de marcher par Étreilles et Vermand sur Saint-Quentin. A l'aile droite, la 12e division de cavalerie devait tourner la ville au sud et pousser jusques à Moy et Vendeuil. La 16e division et la 3e division de réserve devaient rester à Jussy et Ham. Ce même jour, le 22e corps français devait se porter sur Grand-Seraucourt au sud de Saint-Quentin, et le 23e directement sur la ville. Il en résultait entre la 15° division et le 28° corps un combat dans les environs de Tertry et Pœuilly.

La 30° brigade marchant sur Beauvais se heurtait vers 10 heures 1/2, à Beauvais, contre l'arrière-garde de la division du Bessol. Deux escadrons de hussards se précipitent sur les convois qui suivent la division et sur le bataillon d'escorte. En quelques minutes le convoi est dispersé; un grand nombre de voitures sont culbutées et beaucoup rétrogradent précipitamment sur Cambrai. La brigade Förster qui précédait le convoi revient sur ses pas et marche sur la 15° division. Celle-ci déploie à Trefcon un régiment et trois batteries. Nos tirailleurs avancent et leur feu décime les batteries; l'ennemi envoie un bataillon pour se débarrasser d'eux. La mousqueterie dure ainsi jusqu'à 2 heures 1/2 où le général du Bessol ordonne de reprendre la marche en avant.

Au bruit du canon, le général Paulze d'Ivoy, obéissant à cette règle dont l'oubli par le maréchal Bazaine et le général de Failly nous avait été si fatal six mois auparavant, arrêtait la marche sur Saint-Quentin et envoyait la brigade Michelet attaquer le flanc gauche de la 15° division. Le général von Kummer lui oppose deux bataillons postés à la ferme de Cauvigny près de Caulaincourt. Vers 3 heures, le général du Bessol ayant ordonné au 22° corps de reprendre sa marche, l'intervention de la brigade Michelet devenait inutile, et elle rétrogradait poursuivie par l'ennemi, qui réussissait malheureusement à enlever dans Caulaincourt une centaine de prisonniers et quelques voitures de vivres.

Le général von der Gröben avait lui aussi entendu la canonnade, et sur-le-champ il dirigeait sur le flanc gauche de la 15° division, le général de Mamerty avec

8 bataillons, 7 escadrons et 28 bouches à feu. Mais ce général jugeait plus à propos d'attaquer dans la direction de Vendelles. Il y marche donc et déploie les batteries devant Pœuilly qu'il fait ensuite enlever par le 4ᵉ régiment de grenadiers. Plus à gauche, nos gardes mobiles évacuent précipitamment Soyécourt à l'aspect des uhlans. Nos troupes en retraite sont recueillies par les divisions Payen et Robin, et le combat se termine par un feu prolongé de mousqueterie pendant lequel le général de Mamerty est blessé.

Positions des deux armées pour le 19 janvier.

Malgré ce combat les deux armées atteignaient les points qui leur avaient été primitivement désignés. La 15ᵉ division se cantonnait à Beauvais et Caulaincourt ; les troupes du général von der Gröben, à Pœuilly et Haucourt ; la 16ᵉ division à Jussy, sur la rive gauche et la 3ᵉ division de réserve à sa gauche ; la 12ᵉ division de cavalerie à Vendeuil et Hamégicourt, sur les deux rives de l'Oise. De notre côté, le 22ᵉ corps se cantonnait au sud de Saint-Quentin, et le 23ᵉ dans la ville même ; la brigade Pauly au nord, à Lempire, sur la route de Cambrai.

Le 19 au matin, l'armée prussienne se trouvait formée sur deux lignes se coupant à angle droit. L'aile droite tenait les bords de la Somme à Ham et Jussy, et appuyait son flanc droit à l'Oise, faisant face au nord. L'aile gauche était à l'ouest de la ville, s'étendant de Haucourt à Beauvais et Ham. Un espace peu gardé s'étendait entre ces deux derniers points. L'armée française était placée dans l'angle formé par ces deux lignes : le 22ᵉ corps au sud, faisant face à l'aile droite prussienne, le 23° faisant face à leur aile gauche. La Somme et le canal Crozat allaient de Saint-Quentin à Saint-Simon, formant à peu près la bissectrice de l'angle et séparant le champ de bataille en deux champs, un pour chaque aile des deux armées. Cette disposition était toute favorable à l'armée française, dont les deux ailes pouvaient communiquer aisément par les ponts de Saint-Quentin, tandis que les deux ailes de l'ennemi étaient complètement séparées par le cours de la rivière. Les environs de Saint-Quentin étaient favorables à l'action de l'artillerie qui pouvait trouver des champs de tir étendus. Mais les grands avantages de cette position étaient compensés par le grave inconvénient d'exposer la ligne de retraite sur les places du Nord. La question était difficile. Fallait-il se conformer au vieux précepte que Napoléon affirme n'avoir jamais été violé en vain, ou fallait-il imiter Gouvion-Saint-Cyr se laissant imperturbablement, dans sa campagne de Catalogne, couper de sa ligne de retraite pour aller au secours d'une place assiégée ? Problème ardu, qui s'était posé cinq mois auparavant au maréchal Mac-Mahon, problème dont la solution n'admet pas de demi-mesures. Quelle que soit celle que l'on adopte, il faut que rien dans l'exécution ne porte la trace de préoccupations laissées par l'autre. Dans le cas présent, la retraite sur le Nord s'éloignait du but poursuivi, qui était d'aider à une sortie de l'armée de Paris. Le général Faidherbe ne voulant pas battre en retraite, et ne voulant pas renoncer aux avantages de la position de Saint-Quentin, y attendait l'attaque des Allemands. Le 23° corps avait ordre de se déployer face à l'ouest, entre Fayet à la droite et le moulin de Rocourt à la gauche, sur la Somme. Il était renforcé de la brigade Isnard. Le 22° corps se déployait face au sud sur la rive gauche, occupait Grugies et Gauchy, et étendait sa gauche presque à la route de la Fère. La brigade Pauly restait provisoiremet en arrière à Bellicour, sur la route de Cambrai. L'armée française comptait 40,000 hommes, et les Allemands 32,580. Nos troupes n'étaient pas encore en place lorsque l'ennemi prenait l'offensive.

Bataille de Saint-Quentin, le 19 janvier.

Le général de Göben avait de nouveau adopté sans aucun changement la même marche suivie devant Orléans, devant le Mans, devant Bapaume : marcher de front sur l'adversaire pendant qu'on tâcherait de le tourner sur ses deux ailes. La liaison entre l'action de droite et celle de gauche serait maintenue au moyen de quelques troupes postées au Grand–Séraucourt. La réserve de l'armée, qui avait passé la nuit à Ham, devait suivre le mouvement au nord de la Somme. Suivant ce plan, la 16e division partant de Jussy se dirige dès le matin sur Saint-Quentin par la grande route; elle est suivie par la 3e division de réserve. On était près d'arriver à Grugies quand on se trouve en face de la division du Bessol encore en mouvement. La brigade Gislain formait la droite appuyée à la Somme, occupant Contescourt, Castres et Giffécourt; la brigade Förster était à gauche, sur une hauteur masquant le village de Grugies situé en arrière dans un bas-fond. Une sucrerie importante se trouvait à l'entrée du village. Sur les hauteurs en arrière de Grugies on apercevait la brigade Pittié et l'artillerie de la division Derroja. La 31e brigade prussienne se porte immédiatement à l'attaque tandis que la 32e se déploie en arrière d'elle au nord d'Essigny-le-Grand, et que la 3ᵉ division de réserve fait halte en arrière du village. Deux batteries canonnent d'abord Grugies et un bataillon s'avance en colonnes de compagnies. L'artillerie ennemie est contre-battue par la nôtre qui répond du sud-est de Giffécourt, et forcée en partie de se retirer. Vers 11 heures, les Allemands se précipitent sur la position. Refoulés une première fois, ils reviennent trois fois encore à la charge; mais leur opiniatreté échoue devant la résis-tance de nos jeunes contingents. Puis notre ligne s'ébranle à son tour et les rejette vers le sud. L'ennemi lance un nouveau régiment. Une mêlée furieuse s'en-gage à l'issue de laquelle, vers midi 1/2, nos troupes se trouvaient en arrière de leur position primitive en avant de la sucrerie. La 32ᵉ brigade envoie quatre compagnies au secours de la 31ᵉ, et une batterie ouvre son feu sur la droite (côté allemand).

A la gauche de la 16ᵉ division, un détachement de deux bataillons et quelques escadrons s'était emparé sans obstacle de Grand-Séraucourt, puis était venu se déployer en face de Contescourt, où il s'arrêtait intimidé par la supériorité numérique des forces qu'il avait devant lui.

A la droite, la 12ᵉ division de cavalerie débouchait par la route la Fère. La brigade Aynès se portait à sa rencontre et occupait la Neuville-Saint-Amand, qu'elle était forcée d'évacuer après un combat assez vif. Elle rentrait alors dans sa position initiale. Les cavaliers ennemis, reconnaissant l'impossibilité d'agir à cause du peu d'infanterie qu'ils ont avec eux, prenaient une position d'attente auprès de Neuville.

Un peu après midi, toute notre ligne s'ébranle en-semble et se jette sur l'ennemi, qui cède sur tous les points à droite et à gauche de la voie ferrée. Les vieilles bandes allemandes reculent de tous côtés. Vainement elles exécutent des retours offensifs; si elles parviennent à leur gauche à reconquérir une grande partie du terrain perdu, à leur droite elles sont forcées de rétrograder jusqu'à hauteur d'Essigny, en arrière du point où la 32e brigade s'était arrêtée au début de l'affaire. Cette dernière envoie de nouveaux renforts qui arrivent à propos au moment où nos soldats fatigués de leurs efforts n'ont pas encore eu le temps de se remettre, réussissent à les refouler de nouveau jusqu'à la sucrerie. La trouée ainsi produite dans la ligne ennemie venait de se reboucher devant nous. Néanmoins les Allemands se trouvaient arrêtés de ce côté.

A notre droite, la division Robin de gardes nationales mobilisées avait pris position entre Fayet à droite et Francilly à gauche. La brigade Isnard s'était placée entre la division Robin et la division Payen. Cette dernière, formant la gauche de cette aile, avait la brigade Lagrange appuyée à la route de Ham et la brigade Michelet en réserve.

La bataille commençait assez tard de ce côté. Les troupes du général de Gröben commençaient par enlever le petit village d'Holnon où nous avions un bataillon détaché. Poursuivant nos troupes en retraite, elles pénétraient ensemble dans Sélency dont elles parvenaient à s'emparer. Elles tentent ensuite de déboucher de Sélency; mais comme nous tenions encore Fayet et Francilly à droite et à gauche de ce point, elles ne tardaient pas à rentrer dans le village.

La 15e division ne s'engageait qu'un peu plus tard. Elle parvenait tout d'abord à occuper le village de Savy et cherchait en vain à s'emparer des bois à l'est de ce point. La brigade Isnard résistait énergiquement et le combat traînait en longueur, marqué par une série de succès et de revers alternatifs.

Les 28 pièces du colonel Gröben ouvraient pendant ce temps le feu contre nos batteries placées à l'ouest du moulin de Cépy. Mais au bout d'une demi-heure, soit faute de munitions, soit qu'elles eussent trop à souffrir de la mousqueterie, elles étaient contraintes de rétrograder sur Holnon. En ce moment l'ennemi dirige six compagnies sur le village de Fayet. La lutte y est soutenue avec vigueur. Néanmoins, vers 1 heure nos troupes sont contraintes d'abandonner le village. Le général Paulze d'Ivoy voyant la route de Cambrai menacée, appelle sa réserve. La brigade Michelet rallie nos troupes en retraite et marche impétueusement sur le village. L'ennemi se replie et Fayet retombe dans nos mains. Nos troupes en débouchent à la poursuite des Allemands ; mais l'arrivée sur le lieu du combat de cinq compagnies que l'ennemi envoie de Sélency les contraint bientôt de s'arrêter.

Pendant ce temps, à notre gauche, la brigade Lagrange s'était portée en avant et son mouvement arrêtait la marche de la 15e division, qui, craignant d'être tournée sur son flanc droit, était contrainte de garder des troupes prêtes à agir de ce côté.

Ainsi donc, entre midi et une heure notre ligne était partout maintenue. L'ennemi était réduit à la défensive. Malheureusement pour nous, ses réserves accouraient de Ham.

Comme nous l'avons dit, le canon de la 16e division s'était fait entendre dès le matin au sud de Saint-Quentin, tandis que celui de la 15e à l'ouest se taisait encore. Vers 11 heures, le général de Gröben jugeait sage de renforcer la 16e division au moyen de la réserve qu'il faisait venir de Ham. Mais voulant garder quelque ressource dans sa main, il s'en constituait une autre au moyen de trois bataillons et quatre batteries empruntés à la 15e division. La réserve, précédée de l'artillerie, se met donc en mouvement se dirigeant tout d'abord sur Contescourt, au sommet de l'angle formé par notre ligne de bataille. Dès que l'artillerie a cessé son feu, l'infanterie passe à l'attaque. Devant ces troupes fraîches, nous sommes contraints de reculer, et la brigade Gislain abandonne successivement Contescourt et Castres. La brigade se rallie en avant de Grugies; deux bataillons de la brigade Pittié sont envoyés à son secours. Mais l'ennemi à son tour est renforcé de deux batteries qui lui sont envoyées d'Essigny-le-Grand, par la 3e division de réserve. Sous l'intensité du feu de ces 30 pièces, nos troupes commencent à céder visiblement. Vers 2 heures 1/2, une nombreuse infanterie s'avance contre notre front et sur nos deux flancs. Après quelques instants d'une résistance désespérée, nos soldats sont culbutés dans le ravin de Grugies. Ce revers survenu au point le plus important de la ligne nous mettait en danger. Prévoyant une attaque, le général de Barnekow reforme ses lignes et appelle d'Essigny deux bataillons de la division de réserve et trois de la 32e brigade, qui avait été, comme nous l'avons dit, contrainte de se replier jusque là. A ce moment, 3 heures, la brigade Pittié et une partie de la brigade Förster se portent impétueusement en avant. Mais elles sont canonnées à leur droite par les batteries que l'ennemi a établies à Castres. Elles sont reçues de front par son infanterie, tandis qu'elles sont chargées sur leur flanc gauche par deux escadrons de cavalerie qui culbutent nos tirailleurs de première ligne. La brigade Förster tient encore quelque temps au sud de la sucrerie. Mais au bout de quelque temps, se trouvant seule en pointe par la retraite de la brigade Gislain à sa droite et de la brigade Pittié à sa gauche, elle cède le terrain et abandonne Grugies. Nos troupes ne tiennent plus que la hauteur de Tout-Vent. L'ennemi concentre sur ce point les feux de son artillerie et de son infanterie ; la cavalerie charge à plusieurs reprises ; un peloton de hussards de la garde sabre toute une ligne de nos tirailleurs ; nous sommes enfin contraints de céder la position et nous nous replions dans la ville. L'ennemi s'y lance à notre suite ; mais il est arrêté par la résistance de l'arrière-garde. La cavalerie ennemie tentait pendant ce temps de tourner notre extrême gauche ; mais elle ne pouvait y parvenir, tenue en respect par des partis d'infanterie qui occupaient Harly et Homblières.

Notre droite à son tour était obligée de céder aux attaques incessantes de l'ennemi. La nouvelle réserve constituée par le général de Göben est dirigée sur Saint-Quentin par Roupy. Elle parvient à s'emparer de l'Épine de Dallon, pendant que le général de Gayl attaque Francilly de front et de flanc. Partout nous sommes contraints de céder. La brigade Michelet et la brigade Pauly appelées sur le champ de bataille se portent à la rencontre du général de Gayl ; mais elles ne peuvent parvenir à reconquérir le terrain perdu. Néanmoins leurs efforts nous conservent libre notre ligne de retraite sur Cambrai.

Les brigades Lagrange et Isnard, attaquées impétueusement par la 15° division secondée par le feu de 68 pièces établies perpendiculairement à la route de Savy à Saint-Quentin, menacées sur leur flanc droit par les progrès du général de Gayl, sont contraintes à leur tour d'abandonner le terrain. Nos batteries reprennent position une dernière fois à hauteur de Rocourt. Puis vers 5 heures elles se replient avec le reste des troupes dans le faubourg Saint-Martin. Une lutte acharnée s'y engage; l'ennemi est tenu en respect par les feux partis des jardins et des constructions. Les barricades sont énergiquement défendues.

Le général Faidherbe ordonnait alors la retraite. Le 22e corps se retirait sur le Cateau et le 23e sur Cambrai. Les brigades Pauly et Michelet prenaient cette direction pendant que le combat continuait dans le faubourg. Le 22e corps opérait son mouvement en même temps. Mais les combattants ne s'apercevaient pas, dans l'ardeur de la lutte, qu'ils restaient seuls à combattre. L'ennemi pénétrait en effet dans la ville par le nord et le sud, et les derniers défenseurs de Saint-Quentin tombaient entre ses mains. Le général Faidherbe ne lui échappait que grâce au secours des habitants. Son aide de camp, le capitaine de génie Richard, était fait prisonnier et s'échappait à diverses reprises en s'ouvrant le chemin à coups de revolver.

Les Allemands avaient perdu 96 officiers et 2,304 hommes; l'armée du Nord, 3,000 morts ou blessés et 7 à 8,000 hommes disparus. Plusieurs régiments allemands avaient perdu plus de 200 hommes. La proportion des morts aux blessés était de 1/4,5.

Réflexions sur la retraite de Saint-Quentin.

Nous avons suffisamment exposé la position des deux armées pour que l'ont ait pu voir tous les dangers de la position des Allemands. Si le général Faidherbe

eût attaqué vigoureusement au sommet de l'angle
saillant que formait sa ligne, il eût probablement
séparé à tout jamais l'armée allemande en deux
tronçons. Il est vrai que dans ce cas il abandonnait
irrévocablement la ligne de Cambrai; mais il pouvait
se conserver celle du Cateau; et bien qu'elle n'eût
pas les avantages de l'autre, qu'elle l'éloignât trop de
la ligne des places fortes du Nord, il semble que l'opération ne manquait pas de chances de succès.
C'était un parti difficile à prendre ; mais du moment
que l'on voulait marcher sur Paris, il était indiqué. Il
fallait tout sacrifier à ce but.

On remarquera que, dans cette bataille encore, les
charges de quelques escadrons ou pelotons isolés
obtiennent des succès que n'ont pas obtenues des
charges de grands corps de cavalerie conduites cependant avec la bravoure la plus brillante.

En somme, l'armée du Nord avait livré trois batailles. La première avait été indécise; la seconde une
victoire; la troisième était une défaite, que l'ennemi
avait chèrement payée. Toutes ces affaires avaient été
conduites avec une vigueur, une énergie et un talent
incontestables qui, secondés par de bonnes troupes,
nous eussent assuré le succès. Les mesures des Allemands avaient été mauvaises, routinières. Leurs
succès étaient dus à la supériorité de leurs troupes
et à l'infériorité de leurs adversaires.

Cessation des hostilités.

Le lendemain 20, le général de Gôben ordonnait
la poursuite. Les Prussiens marquaient une fois de
plus leur peu d'aptitude à ce genre d'opérations. Car

ils ne rencontraient que des hommes débandés, et reconnaissaient le soir même leur impuissance définitive à atteindre nos troupes.

Le général de Gôben, n'ayant pas de parc de siège, se décidait à garder la ligne de la Somme et à y attendre de nouvelles attaques. Il cantonnait donc ses troupes, y compris le Ier corps qui abandonnait définitivement Rouen entre Amiens et Saint-Quentin. Pendant ce temps le XIIIe corps avait exécuté l'ordre qui lui prescrivait de quitter le Mans pour se rendre à Rouen. Sa marche avait été signalée par quelques combats sans importance. Dans la nuit du 28 au 29 janvier, les belligérants recevaient la nouvelle de l'armistice conclu à Versailles.

CHAPITRE VII.

Description de Belfort.

La ville de Belfort est située sur la Savoureuse, dans la dépression connue sous le nom de trouée de Belfort, qui sépare les Vosges du Jura. Elle compte 8,000 habitants, réduits à 4,000 au moment du siège. La rivière, coulant du nord au sud, laisse la ville sur la rive gauche et en sépare les trois faubourgs des Ancêtres, de Paris et de Montbéliard placés sur la rive droite.

La ville est entourée d'une enceinte bastionnée, tracée par Vauban. Des tours ou bastionnets flanquent les fossés et sont protégées par des bastions terrassés. Cette enceinte est elle-même couverte au sud par la château ; à l'est par les forts de la Miotte et de la Justice ; à l'ouest, sur la rive droite, par les forts des Barres et de Bellevue.

La Miotte et la Justice sont à l'est de la ville, sur deux escarpements fort raides séparés par un petit vallon. Ce vallon est fermé de toutes parts. Une série d'ouvrages reliant les forts de la Miotte et de la Justice le ferme à l'est, tandis que sur les crêtes sud et nord, des murs précédés de fossés relient à la ville le fort de la Miotte d'une part, et celui de la Justice de l'autre. Le terrain ainsi clos forme ce qu'on appelle le camp

retranché de Belfort. Tous ces ouvrages sont taillés dans le roc et précédés soit d'escarpements à pic, soit de pentes fort raides parfaitement battues par les ouvrages voisins. Dominant la campagne très au loin, ils constituent des défenses redoutables. Ces deux forts sont dominés par des hauteurs situées au nord de la place à 2 ou 3,500 mètres. Ces hauteurs, couronnées de bois épais, portent le nom de Mont de l'Arsot. A leur pied se trouvent les villages d'Offemont, de Vétrigue et de Roppe.

Le château est au sud, sur un escarpement à pic, faisant face à la ville. Le sommet en est fermé par une grande caserne aux murs épais et solides, aux voûtes à l'épreuve des projectiles. Sa haute façade regarde par-dessus la cité la montagne de l'Arsot, et couvre contre les vues de cette hauteur la cour située de l'autre côté. Sur l'autre façade se trouvent la cour intérieure, surmontée d'un haut cavalier au-dessous duquel s'étagent trois fronts bastionnés fournissant sur la campagne, au sud, quatre et même cinq étages de feux. En avant de cette ligne formidable, le terrain descend d'abord assez rapidement, puis se relève et forme parallèlement à l'escarpement du château une crête divisée en deux mamelons qui s'appellent les Perches hautes et basses. Le cavalier domine d'une dizaine de mètres les Basses-Perches; mais il est dominé d'autant par les Hautes-Perches. Quant aux trois enceintes bastionnées, elles sont également vues des deux sommets. Leur accès est facilité par les villages de Danjoutin au sud, de Pérouse et de Chèvremont à l'est.

Sur la rive droite de la Savoureuse sont placés les forts des Barres et de Bellevue qui battent le terrain en avant. Ce terrain présente deux hauteurs : le Sal-

bert du côté du nord, et la Côte tout à fait à l'ouest.
Le Salbert se divise en trois sommets : le Grand-
Salbert, le Coudray et le Mont. Dans les replis se
cache le petit village de Cravanche. Entre le Salbert
et la Côte coule la Douce, qui traverse Essert. Enfin
du côté du sud-ouest se trouve le village de Bavilliers,
à l'issue d'un ravin caché aux vues de la place.

Le chemin de fer, venant du nord en suivant la
vallée de la Savoureuse, traverse les trois faubourgs
des Ancêtres, de France et Montbéliard où il rencontre
la gare et se bifurque ensuite, l'une des branches se
dirigeant à l'est vers Mulhouse, l'autre au sud-ouest
vers Besançon.

Il résulte de ce que nous venons de dire qu'il y a
trois hauteurs dangereuses pour Belfort. Ce sont le
Salbert, le mont d'Arsot et les Perches. Mais elles le
sont inégalement. Les deux premiers ne peuvent rien
sur le château, qui n'a à craindre que les Perches. Or
le château est réellement l'âme de la défense. La ville
est prise avec lui, et n'est prise qu'avec lui. En attaquant par le nord ou par l'ouest, on a à lutter au pied de
l'Arsot contre le roc ; et en descendant la première pente
on est en butte aux vues de la Miotte et du château ;
du côté du Salbert on tombe dans des terrains bas
souvent inondés, parfaitement vus de la place ; des
deux côtés, une fois arrivé à l'enceinte, le château
peut continuer la défense. Au contraire, en attaquant
par les Perches on arrive à dominer le château, dont
la prise entraîne celle de la ville. Il est vrai que, une
fois maître des Perches, il faut franchir le vallon. En
descendant la première pente on est vu de la place
jusqu'au fond des tranchées ; et en remontant la pente
opposée on se trouve sur le roc, où l'on ne peut se
couvrir qu'au moyen de terres rapportées. Mais quelles

que fussent les difficultés, c'était là le point d'attaque.

Organisation de la défense par le colonel Denfert.

Le colonel du génie Denfert avait été appelé le 19 octobre au commandement de la place. S'inspirant de l'histoire des défenses de Gênes, de Dantzick, de Dresde, il résolut de ne pas attendre l'ennemi à l'abri de ses remparts, mais d'occuper tout le terrain des attaques aussi loin que lui permettrait l'effectif de la garnison. Décidé à défendre le terrain pied à pied, à ne rien céder à l'ennemi qu'au prix de combats meurtriers, il considérait la forteresse comme un point d'appui, une immense batterie de position sous laquelle la garnison pouvait opérer au loin sans danger. Ce système de défense forçait l'ennemi à tenir au loin ses lignes d'investissement, accroissait les ressources de la défense, retardait l'instant où l'ennemi pourrait procéder à l'établissement de ses batteries de siège. Dans ce but, il fit occuper non seulement les villages de Pérouse et de Danjoutin, qui, formant une même ligne avec les Perches, sont indispensables à la défense comme à l'attaque, mais encore le hameau de Cravanche dans le repli du Salbert, le Mont, le hameau de la Forge, le bois de la Miotte et Bellevue. La gare fut organisée comme complément du fort de Bellevue. Toutes les positions furent retranchées et barricadées, pourvues d'abris pour les hommes, afin qu'on pût y attendre sous le feu de l'artillerie le moment de l'attaque directe. Ces moyens furent complétés par l'organisation de sorties répétées, tantôt sérieuses, qui se porteraient jusque sur les lignes d'investissement, tantôt réduites à des alertes qui forceraient l'ennemi, ignorant de nos desseins, à mettre tout son monde sur pied dans la crainte d'une attaque.

En même temps, on poursuivait sans relâche les travaux des forts de Bellevue et des Perches, on construisait des blindages pour l'artillerie. Des plate-formes étaient préparées, permettant de tirer par-dessus les remparts et même par-dessus la ville entière. Les pièces, entièrement masquées aux vues de l'ennemi, pouvaient tirer sans apercevoir le but ; elles rectifiaient le tir au moyen d'observateurs bien placés qui lui envoyaient leurs observations. Bien plus, au lieu de les immobiliser sur la même plate-forme, on leur en avait préparé plusieurs, de façon à ce qu'on pût les changer de place dès que leur feu aurait attiré sur elles celui de l'ennemi. Enfin, des précautions multipliées étaient prises contre le bombardement et les incendies.

Forces de la garnison. — Armement de la place.

La garnison de la place se composait de : un bataillon du 84e, un bataillon et le dépôt du 45e, cinq demi-batteries d'artillerie et une demi-compagnie du génie appartenant à l'armée active. La garde mobile avait fourni une compagnie du génie, cinq batteries d'artillerie, huit bataillons et dix compagnies d'infanterie. La garde nationale avait fourni trois compagnies de mobilisés ; celle de Belfort donnait 390 hommes. Il y avait, en outre, 100 douaniers et quelques cavaliers. Ces troupes incohérentes formaient un effectif de 16,200 hommes.

L'armement de la place comprenait 300 bouches à

feu dont plus de la moitié étaient à âme lisse. Les
meilleures pièces étaient celles de 24 rayé. L'approvisionnement en munitions était considérable. Il y
avait encore des boulets pleins provenant des approvisionnements faits par Vauban deux cents ans auparavant. Les vivres abondaient et les habitants eux-
mêmes avaient des approvisionnements pour trois
mois.

Réponse du colonel Denfert à la sommation du général de Tresckow.

Dans la journée du 4 novembre, le général prussien
de Tresckow fit remettre, par un parlementaire, au
colonel Denfert, une lettre singulière dans laquelle,
exposant qu'il avait l'ordre d'attaquer, il demandait au
colonel d'examiner si son devoir et sa conscience ne
lui permettraient pas de livrer Belfort sans combat,
pour éviter aux habitants les horreurs d'un siège.
Celui-ci lui répondit que c'était à lui qu'il incombait
d'examiner si son honneur et sa conscience ne lui
permettraient pas de se retirer sans combat et d'éviter
aux habitants de Belfort les horreurs dont il parlait.
Ces deux lettres furent portées à la connaissance de la
garnison.

La première partie du mois de novembre fut
employée par la garnison à préparer la défense. Le
corps d'investissement, encore trop faible, était à peine
suffisant pour garder ses lignes. Le 10, la place dirigea
sur Chalonvillars une petite sortie pour se procurer
des renseignements; le 15, elle en exécuta une autre
à l'est de la ville sur les villages de Bessoncourt et de
Chèvremont. Cette dernière était plus considérable et

avait pour but de détruire les ouvrages et les approvisionnements de l'ennemi à Bessoncourt. Elle ne réussit
pas, grâce à une décharge intempestive qui trahit prématurément la présence des gardes mobiles. Mais elle
força l'ennemi à rassembler des forces sur ce point et
lui occasionna quelques pertes.

Attaque du haut du Mont. — Combat de Danjoutin.

A la suite de cette affaire le colonel Denfert organisa
des compagnies franches qui parcouraient sans cesse
les environs de la place, déterminant chez l'ennemi
des alertes continuelles. Celui-ci mettait le temps à
profit pour rassembler un parc de siège. Mais avant
qu'il fût complet il commençait par essayer d'un
bombardement, et ayant reconnu que la hauteur du
Mont entre Essert et Bavilliers était le point le plus
favorable à cette opération, il cherchait à s'en emparer.
Les troupes qui défendaient cette position étaient dans
une situation déplorable. Les pluies mêlées de neige
avaient couvert les environs d'une boue argileuse et
glissante, et tellement tenace qu'elle permettait à
peine de marcher. Nos malheureux soldats couchaient
sans abri sur cette boue sous des tempêtes de neige.
Leur paille, qu'on n'avait pu renouveler, s'était trans-
formée en fumier, et pour comble de malheur il était
expressément défendu d'allumer des feux la nuit. On
essaya de leur construire des baraques ; mais ce travail
pénible marcha avec une extrême lenteur à cause du
peu de durée des jours et la longueur des allées et
venues. Il fallut y employer le bataillon même qui
était de garde, et pour cela prolonger son séjour en un

point si incommode. Malgré toutes ces souffrances, le commandant de la place ne voulut pas abandonner ce point sans combat. Le 22 novembre, les assiégeants occupaient Valdoye, et le 23, vers 4 heures du soir, ils s'avançaient en plusieurs colonnes sur le Mont. Le combat s'engageait sous bois, par une pluie battante. L'ennemi parvenait à s'emparer des villages d'Essert et de Cravanche malgré la résistance opiniâtre de deux compagnies d'éclaireurs. Mais nous restions maîtres du Haut du Mont. Le lendemain, le combat recommençait dès l'aube; mais comme il se passait sous bois, on ne pouvait de la place en suivre les péripéties, et les renforts préparés dans la ville ne pouvaient saisir le moment opportun. Vers 11 heures, à la suite d'une fausse manœuvre, nos troupes évacuaient Haut du Mont; mais la dernière compagnie ne le quittait que vers une heure. C'était un échec considérable pour l'assiégé. Le colonel Denfert, ne voulant pas laisser sa garnison sous l'influence de cette perte, ordonnait aux renforts préparés pour le Haut du Mont de sortir au sud de la ville par le village de Danjoutin et de pousser immédiatement une attaque sur Sévenans. L'ennemi fut pris à l'improviste, ses avant-postes se débandèrent et la batterie qui défendait Bermont s'enfuit précipitamment. Le village de Sévenans ne put être attaqué assez tôt à cause des feux du château, dont le tir trop court arrêta nos troupes. La sortie se replia à la nuit et en bon ordre.

Dans la soirée du 28 novembre, l'ennemi attaqua le village de Bavilliers et s'en empara. C'était une position que le colonel Denfert ne songeait pas à défendre, parce qu'elle était mal vue de la fortification. Elle fut abandonnée avec quelque désordre. Le soir même, l'assiégé repoussa ses grand'gardes le plus en avant possible. Ce mouvement fit croire à une nouvelle attaque et donna lieu à une fusillade intense.

Premiers jours du bombardement.

Pendant la nuit du 2 décembre l'assiégeant couronnait les hauteurs d'Essert par sept batteries de quatre pièces chacune. Le lendemain 3 décembre, un brouillard épais environnait la ville, et ce ne fut que vers 4 heures du soir que le soleil en se montrant permit de repérer le tir. Le bombardement commença immédiatement et continua jour et nuit pendant toute la durée du siège. La place répondait bientôt. Grâce aux sages mesures prises par le colonel Denfert, elle pouvait concentrer le feu de presque toutes ses pièces sur le même point. Elle parvenait ainsi à rendre dangereux le séjour dans les batteries de bombardement. L'assiégeant perdit plus de 80 hommes dans la première journée. Le temps était très rigoureux et apportait aux uns et aux autres son contingent de souffrances, mais surtout à la garnison. Le bombardement déterminait dans la ville quelques incendies qui ne se propageaient point. Mais un plus grave se déclarait dans l'ouvrage de Bellevue. Un bataillon de gardes mobiles qui était de garde refusait de marcher pour éteindre l'incendie. Les capitaines Thiers et Journet, du génie, le capitaine Mathey et le sergent Tunis, restèrent seuls au travail, n'ayant d'autres ressources que d'arracher les poutres enflammées ou de les enterrer sous la neige qu'ils ramassaient dans leurs mains. Une pompe remplie d'eau chaude arriva vers 2 heures du matin ; mais l'eau s'était gelée en route, et lorsque après bien des efforts on l'eut dégelée, un obus arriva qui mit la

pompe hors de service. De nouvelles troupes furent
envoyées pour occuper l'ouvrage, et l'on put sauver une
grande partie des abris commencés. Le lendemain le
bataillon coupable fut licencié, ses officiers cassés et
remis simples soldats, ou forcés de donner leur démission.

Fermeté du colonel Denfert.

Néanmoins le bombardement était manifestement
insuffisant ; le général Tresckow résolut donc de créer
de nouvelles batteries à l'ouest de la place, dans le
bois de Bavilliers. Son parc s'étant renforcé par de
nouvelles arrivées, il ordonnait la constitution de
quatre nouvelles batteries qui ne furent prêtes à faire
feu que le 28 décembre. Dans cet intervalle les assiégeants furent repoussés dans deux tentatives faites
sur les avant-postes d'Andelnans, et dans une autre
faite sur Bellevue. L'assiégé riposta, les 13 et 14 décembre, par des attaques poussées sur le bois de Bavilliers, qu'il finit par perdre définitivement. Malheureusement le même jour l'ennemi s'emparait en forces
d'Andelnans et du bois de Bosmont, au sud des Perches. Il venait même insulter le village de Danjoutin,
d'où il était vivement repoussé.

Le colonel Denfert eut à sévir contre une compagnie de mobiles qui, commandée pour aller au feu,
s'y refusa complètement avec ses officiers, et contre
une compagnie d'éclaireurs qui, dans la journée du 13,
avait mal secondé les défenseurs d'Andelnans. En
même temps que le gouverneur se défendait contre
l'indicipline de ses soldats, il avait à résister aux
sollicitations du préfet et à celles du Président de la

Confédération suisse, en faveur des femmes et des vieillards. Le colonel refusa constamment d'entrer sous aucun prétexte en pourparlers avec l'ennemi. Il fit connaître par une lettre au Président de la Confédération les conditions auxquelles il autorisait la sortie. Il se montrait disposé à accorder des laissez-passer à tous ceux dont l'état et la moralité ne compromettraient pas les intérêts de la défense. Cette lettre, communiquée au général prussien, ne reçut pas de réponse. Supplié de nouveau de faire une démarche personnelle auprès du général ennemi, le colonel Denfert répondit par une lettre où il affirmait que tant que l'ennemi serait debout et en armes sur le sol de la patrie, il ne lui demanderait aucune grâce et n'en accepterait aucune.

Effets du bombardement. — Souffrances de la garnison.

Le bombardement continuait toujours. Les communications devenaient extrêmement difficiles. Prévoyant le jour où elles deviendraient impossibles, le colonel Denfert ordonna que les troupes en dehors de la place emporteraient quatre jours de vivres. A dater du 9 janvier, 50 bouches à feu tiraient sur la place. Les Perches étaient canonnées par une batterie placée au sud. Le château était assailli de projectiles. La façade de la caserne qui fait face à la ville résistait aux projectiles ; mais plusieurs voûtes s'effondrèrent sous les coups ; quelques pièces furent avariées. Mais grâce au système de déplacement et au tir masqué par-dessus les édifices, la place put toujours répondre au feu. Mais néanmoins les projectiles rayés pouvaient venir à manquer. On ordonna donc de remplacer autant que possible les pièces rayées par des pièces lisses pour tirer sur les épaulements et les masses couvrantes, afin de ménager les projectiles rayés pour les affaires plus sérieuses.

Les souffrances étaient grandes dans la place. La petite vérole et le typhus y sévissaient. Les hommes, dont la plupart n'avaient pas de guêtres, avaient usé leurs chaussures qu'on ne pouvait leur remplacer; car les magasins ne contenaient plus que des pointures trop petites pour être utilisées. Par des froids qui descendaient jusqu'à 18° et 19°, beaucoup eurent les pieds gelés. Les blessés, serrés dans les hôpitaux, où le blindage empêchait le renouvellement de l'air, étaient dans de très mauvaises conditions. Tous les amputés, sans exception, périrent. Un ordre défendit qu'il y eût aux enterrements plus que le personnel strictement nécessaire. Les travaux étaient excessivement pénibles sur un sol gelé, qui faisait feu sous les outils et qu'il fallait attaquer à la mine. Le pain était toujours gelé. Il ne restait plus au trésor que des billets de mille francs. Le gouverneur dut créer une monnaie obsidionale, à cours forcé, formée de coupures de 5, 20 et 50 francs, garanties par le dépôt d'une somme égale au montant de toutes les coupures. L'ennemi tâchait en même temps de semer dans la place de fausses nouvelles, contre lesquelles il fallut prévenir les soldats et les habitants. Du reste, l'ennemi avait sa part de toutes ces souffrances; le feu, les alertes journalières, les sorties, les travaux de terrassement, leur coûtaient beaucoup de maux. On avait renforcé les bataillons de landwehr à 1002 hommes; mais au commencement de janvier leur effectif était réduit à une moyenne de 500 hommes. Au 8 décembre, un bataillon avait plus de 200 malades et ne comptait plus que deux officiers capables de faire le service.

Néanmoins l'ennemi continuait ses travaux. Le fort de Bellevue avait beaucoup à souffrir, et son feu diminuait chaque jour d'intensité. C'était d'autant plus malheureux que l'assiégeant, en avançant de ce côté, prenait les Perches à revers et pouvait seconder l'attaque de front de ces forts. Aussi les défenseurs de l'ouvrage opposaient la résistance la plus acharnée. Les pièces égueulées étaient burinées sous le feu jusqu'à ce que les projectiles pussent y entrer de nouveau. On en était arrivé à tirer même complètement à découvert devant un parapet rasé. Pour diminuer l'intensité du feu de l'ennemi, dès qu'un coup était parti d'une des batteries de siège, on dirigeait sur l'embrasure le feu d'une vingtaine de tirailleurs pour empêcher le service de la pièce. Ce procédé ralentit sensiblement le feu de l'ennemi.

L'assiégeant s'empare de Danjoutin.

L'assiégeant s'était enfin décidé à attaquer les Perches de front. Dans la nuit du 8 janvier, sept compagnies se portèrent sur le village de Danjoutin. Deux compagnies devaient tourner la position en se glissant au nord entre les Perches et le village, tandis que les autres attaqueraient à l'est. On évitait ainsi d'attaquer la face sud et l'on coupait la retraite à la garnison. Le colonel Denfert avait prévu ce genre d'attaque et donné avec le plus grand détail le moyen d'y parer. Deux compagnies de mobiles placées derrière Danjoutin, entre le village et les Perches, devaient profiter du

remblai du chemin de fer pour fusiller l'ennemi qui
se glisserait de ce côté, tandis que la garnison de
Pérouse devait se jeter sur le flanc des colonnes qui
passeraient à l'est de Danjoutin. L'attaque eut lieu
vers 1 heure du matin. Les deux compagnies de mobiles, mal gardées, abandonnèrent leur poste à l'arrivée de l'ennemi et se retirèrent précipitamment sur
le faubourg du Fourneau. Deux compagnies prussiennes prenaient leur place, tandis que les deux
autres pénétraient par l'est dans les rues. Ils avançaient assez rapidement jusqu'à l'église, mais ils
avaient à lutter dans la partie sud contre les défenseurs.

La place avait cependant pris les armes; mais l'opération avait été conduite si vivement que personne ne
crut qu'une fusillade de si courte durée pût être une
attaque sérieuse, et nul ne vint au secours des combattants. Ce ne fut que dans la matinée que quelques
hommes échappés purent renseigner le gouverneur.
Celui-ci tenta de suite un effort combiné pour attaquer
Danjoutin par les Perches d'un côté et par Pérouse de
l'autre. Mais cette attaque, faite sans ensemble, fut repoussée par les Prussiens, et vers 11 heures 1/2 les derniers défenseurs cernés dans le sud du village mettaient bas les armes, au nombre de 60 officiers et de
700 soldats. Les Prussiens avaient perdu 90 hommes.

Ainsi, au bout de plus de 60 jours de siège, et
35 jours après l'ouverture du feu, l'ennemi en était à
peine sur le terrain des attaques. Il n'y avait encore
aucune approche régulière. Bien plus, il semblait
abandonner les travaux faits devant Bellevue pour
s'avancer exclusivement de front contre les Perches.

Du reste, il n'était pas très en sûreté dans ses lignes.
Des troupes françaises se montraient dans la direction

de Besançon. Le général de Tresckow était obligé de se garder dans cette direction. Dans ce but, il faisait occuper au sud de Belfort, Montbéliard, Delle-Brognard et Arcey. Il ne restait à la suite de ces détachements que dix bataillons pour garder le blocus.

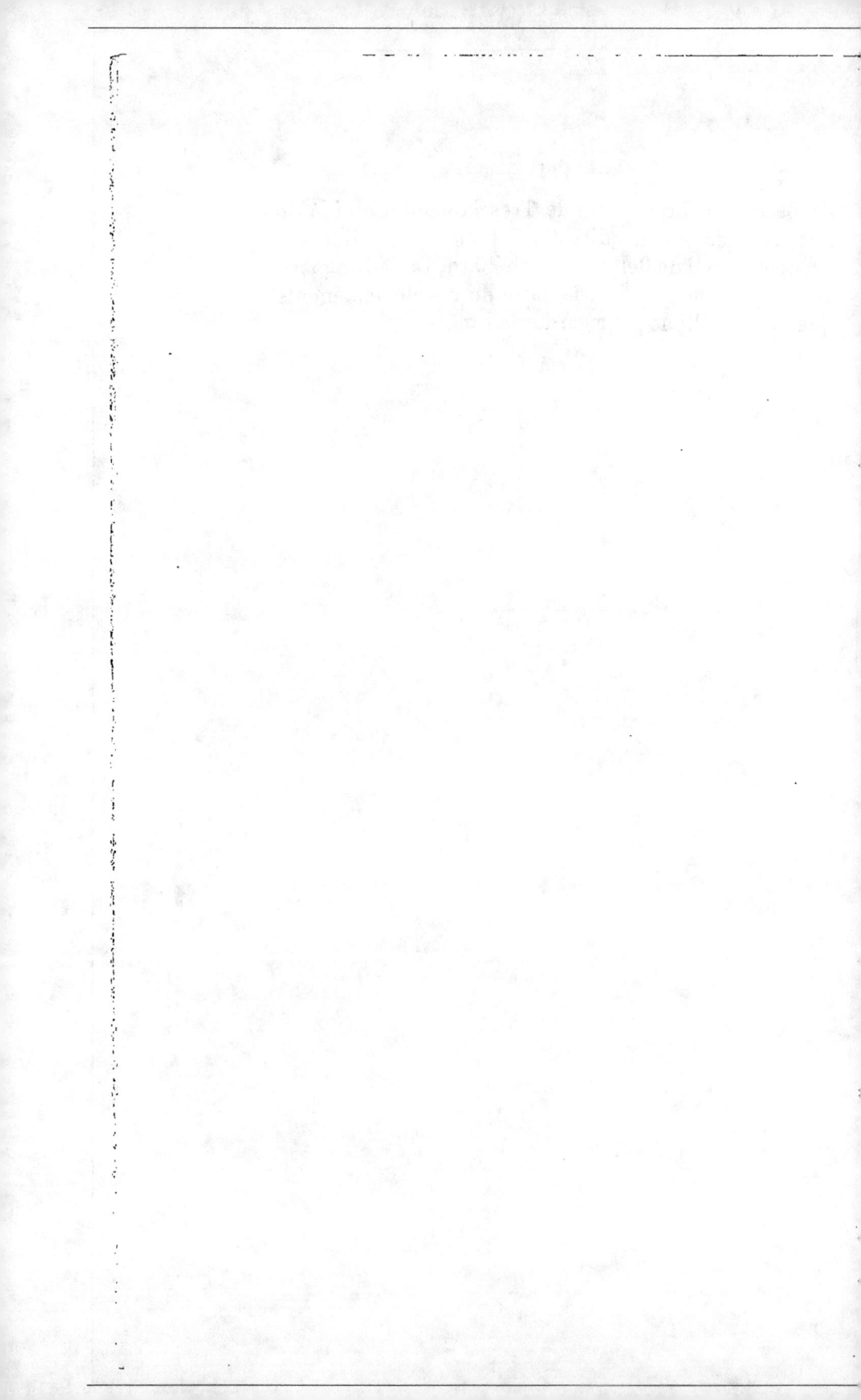

CHAPITRE VII.

OPÉRATIONS SUR L'OGNON. — COMBAT DE VILLERSEXEL. BATAILLE D'HÉRICOURT.

Positions du XIVe corps.

Pendant que le général de Tresckow tâchait de triompher de la résistance de Belfort, le général de Werder, commandant le XIVe corps, occupait les Vosges. Nous avons vu qu'après diverses opérations sur Dijon, Auxonne, etc., le corps s'était rassemblé aux environs de Vesoul. La division badoise était à Vesoul même, et la 4e division de réserve à Villersexel et Rougemont. Depuis quelque temps des bruits persistants annonçaient l'arrivée prochaine de troupes françaises commandées par Bourbaki. Des renseignements très précis, les uns exacts, les autres erronés, étaient parvenus au général de Werder. Il devenait évident que les Français allaient marcher dans la direction de Belfort, et que c'était au XIVe corps qu'incombait la mission de protéger le siège. Déjà les troupes ennemies avaient pris une position plus resserrée ; mais ce n'était que le 5 janvier que les avant-postes signalaient la présence de troupes nombreuses. De petits engagements avaient lieu à Échenoy-le-Sec et à Rougemont, à 5 ou 6 lieues au sud-est de Vesoul, sur les bords de l'Ognon. C'était l'arrivée des troupes du général Bourbaki.

Marche de la 1ʳᵉ armée de la Loire vers l'Est.

Après la défaite d'Orléans, le 4 décembre, le 15ᵉ corps avait été séparé des 16ᵉ et 17ᵉ. Tandis que ces deux derniers formaient la 2ᵉ armée de la Loire, la 1ʳᵉ armée était constituée par le 15ᵉ, réuni aux 18ᵉ et 20ᵉ, commandés par les généraux Billot et Clinchamp. Cette armée à peine réorganisée s'était mise en marche le 19 décembre sur Paris par Montargis et Fontainebleau. Mais ce jour-là même on proposait un nouveau plan. Le général Bourbaki se porterait avec ses troupes sur Dijon et Belfort qu'il débloquerait; puis, envahissant l'Alsace, il couperait les communications de l'ennemi et le forcerait à lever le siège de Paris. Pour l'exécution de ce plan, une grande partie du 15ᵉ corps resterait sur la Loire, tandis que l'autre, réunie aux 18ᵉ et 20ᵉ corps, se porterait sur l'est. L'armée serait ralliée par le 24ᵉ corps formé à Lyon sous le général de Bressolles et par la division indépendante Cremer, appuyée des Garibaldiens. Toutes ces troupes, mises sous le commandement du général Bourbaki, devaient former l'armée de l'Est.

L'exécution de ce plan commençait immédiatement. Les troupes étaient aussitôt embarquées en chemin de fer pour être dirigées sur Dijon et débarquer à Chagny. Mais on apprenait bientôt que Dijon était évacué. Les troupes, déjà débarquées, reprenaient le chemin de fer pour s'avancer plus à l'est. De grandes difficultés, des à-coups, des arrêts, nuisaient à la célérité, si bien que les transports commencés le 23 décembre, à Bourges, Nevers et la Charité, n'amenaient l'armée entre Dijon et Besançon que le 2 janvier.

Le 2 janvier, le 18ᵉ corps franchissait l'Ognon à Pesmes, le 20ᵉ se dirigeait sur Marnay et Voroy où le général Bourbaki établissait son quartier général le 4. Le 5, avaient lieu les quelques engagements dont nous avons parlé. Le grand quartier général allemand, informé par télégramme de ces affaires, s'occupait activement de faire face au nouvel ennemi qui lui était signalé. On se rappelle que le IIᵉ corps avait été dirigé sur Montargis et le VIIᵉ sur Langres. Un télégramme leur prescrivait de se rassembler entre Nuits-sur-Armançon et Châtillon-sur-Seine. Ces deux corps réunis aux troupes du général Werder et à celles devant Belfort devaient former une armée, dite l'armée du sud, sous les ordres du général de Manteuffel. Ce dernier laissait au général von Göben le commandement de la Iʳᵉ armée. La 14ᵉ division, qui avait été détachée du VIIᵉ corps, recevait l'ordre de se rallier à Châtillon-sur-Seine. Enfin un ordre du 7 janvier informait le général Werder de ces formations, et lui donnait pour instruction principale de s'opposer, par tous les moyens, à la levée du siège.

L'ennemi se concentre à Vesoul. — Description du pays entre Belfort et Dijon.

Le général Werder fit choix d'une position dans les environs de Vesoul derrière le Dourgeon, et y passa la journée du 6 janvier sans y être inquiété. Le corps de siège avait détaché 5 bataillons, 2 1/2 escadrons et 2 batteries sur Arcey pour renforcer le général de Werder. Les jours suivants, les reconnaissances trouvaient les habitants de Villersexel en armes et signalaient des mouvements de troupes se dirigeant à l'est.

En effet, le général Bourbaki avait conçu le dessein de se glisser entre l'aile gauche de son adversaire et Belfort pour lui en interdire le chemin. Croyant Villersexel occupé en force par l'ennemi, il se reportait plus à l'est pour avoir la certitude de le tourner. Le 8 janvier, le 18e corps atteignait Montbozon, le 20e Rougemont, le 24e Cuse, tandis que le 15e débarquait à Clerval. L'armée se présentait donc échelonnée sur la route de Besançon à Belfort, par Rougemont, sur les bords de l'Ognon. Le 15e corps à Clerval était sur le flanc droit de la route et pouvait servir de réserve si l'on faisait face à l'Ognon.

Belfort et Montbéliard à l'est, Vesoul et Besançon à l'ouest, forment un trapèze dont la petite base est formée par la ligne Belfort–Montbéliard, et la grande base par la ligne Vesoul-Besançon. On peut se rendre de Besançon à Belfort en suivant les côtés sud et est, c'est-à-dire en passant par Montbéliard; c'est la ligne que suit le chemin de fer. On peut y aller en suivant une route formant à peu près la diagonale et passant par Villersexel et Héricourt. On suit les bords de l'Ognon qui coule parallèlement au Doubs jusques à Villersexel où l'on rencontre la diagonale Vesoul-Besançon. Arrivé là, on emprunte la portion de cette deuxième diagonale qui va de Villersexel à Arcey, à l'est. En partant d'Arcey, on reprend la direction de Belfort où l'on arrive en traversant Héricourt. L'armée de Bourbaki opérait sur cette diagonale. La voie ferrée qui, côtoyant le Doubs, va de Besançon à Montbéliard, servait à son ravitaillement. Malheureusement, comme nous l'avons dit, Montbéliard était occupé par l'ennemi, ce qui limitait les services que pouvait rendre ce chemin de fer. En suivant la diagonale on tournait Montbéliard d'un côté et l'on se plaçait entre le général de Werder et Belfort de l'autre.

Combat de Villersexel.

L'armée comprenait environ 125,000 hommes, mais son organisation était tout à fait défectueuse. Les troupes étaient sans aucune cohésion, mal armées, mal vêtues, mal chaussées. Les approvisionnements étaient plus qu'insuffisants. C'étaient plutôt des bandes qu'une armée régulière. En proie à toutes les privations, elles allaient lutter contre un ennemi solide, parfaitement organisé, et contre le froid, plus terrible que l'ennemi. Les ordres furent donnés pour la journée du 9. Le 24e et le 20e corps devaient se porter sur la route de Villersexel à Arcey, appartenant, comme nous l'avons dit, à la diagonale Vesoul-Montbéliard; le 18e corps marcherait sur Esprels et Villersexel; les réserves viendraient à Cubry et Fullon. De son côté le général de Werder avait prescrit à la division badoise de se porter sur Athesans, au nord-est de Villersexel; à la brigade mixte von der Goltz, d'aller à Noroy-le-Bourg, et à la division de réserve Schmeling, de porter son avant-garde à Villersexel et le gros à Aillevans, où il passerait l'Ognon. C'était avec ces deux divisions et demie que les Allemands allaient avoir à lutter contre l'armée de l'Est.

Villersexel est situé sur une hauteur dont l'Ognon baigne le pied. La rivière, venant du nord et arrêtée par cet obstacle, se détourne un moment vers l'ouest, jusqu'au hameau de Moimay où elle reprend sa direction vers le sud. Le hameau de Marat, placé à l'ouest, forme, avec Moimay et Villersexel, une ligne droite dont Moimay occupe le milieu. Au nord de cette ligne on aperçoit de grands bois dans lesquels s'enfonce, à l'ouest, la route d'Esprels à Aillevans, ainsi qu'un petit ruisseau qui fait tourner quelques moulins. La route de Villersexel à Aillevans traverse les bois de droite à gauche, tandis que l'Ognon et un autre chemin s'y enfoncent dans la direction du nord. La grande route traverse la rivière sur un beau pont à l'endroit de sa plus grande largeur.

L'avant-garde de la 4e division de réserve arrivait à peine en vue de Villersexel, qu'elle était accueillie par une fusillade nourrie partie des broussailles, au nord du village. Les batteries d'avant-garde prennent de suite position en avant de la lisière sud des bois et ouvrent leur feu sur la ville, sur le château et le parc placés sur la rivière en avant de Villersexel et sur le pont. Vers dix heures on tente une attaque sur le pont ; elle est repoussée après une vive fusillade ; mais l'ennemi a remarqué en aval du pont une petite passerelle mal gardée qui conduit au château. Une compagnie s'élance par là, pénètre dans le parc, en chasse les défenseurs et s'empare du château où elle s'empare d'un drapeau et de 90 prisonniers. Maître du château, l'ennemi fusille à revers les défenseurs du pont. Des renforts lui arrivent sans cesse par la passerelle ; deux compagnies débouchent sur la route de Rougemont et coupent la retraite aux soldats qui s'obstinent sur le pont. A ce moment, quatre compagnies se portent de face à l'attaque du pont. Nos soldats se retirent alors par la seule route qui leur reste ouverte et qui conduit à Villers-la-Ville. Malgré les feux de notre artillerie qui foudroie à son tour le village, les Allemands prennent position sur la hauteur qui se trouve au sud-est.

Pendant ce temps, le 18ᵉ corps était arrivé à Marat, mais il n'arrivait pas assez tôt pour empêcher l'ennemi d'occuper Moimay où il logeait deux compagnies, qu'il faisait bientôt suivre d'une grande partie de la brigade mixte. Une lutte s'engageait alors entre l'artillerie française placée au sud de Villersexel et l'artillerie allemande au nord de Moimay; et quelques compagnies, parties de ce dernier point, parvenaient à s'engager dans le bois des Brosses, à gauche du chemin qui conduit à Marat. La brigade mixte se sentait alors assez forte pour envoyer neuf compagnies sur Villersexel pour y relever les troupes de la 4ᵉ division qui continuaient leur mouvement sur Belfort.

Pendant ce temps, le gros de la 4ᵉ division, arrivé à Aillevans au nord de Villersexel, y avait jeté un pont sur l'Ognon et se disposait à passer sur la rive gauche. Mais le général de Werder placé sur une hauteur auprès d'Aillevans, avait surveillé la ligne de feu, et s'était bientôt aperçu qu'en continuant de marcher vers l'est, il serait loin de tomber sur le flanc d'une armée marchant sur Belfort, mais que, bien au contraire, il allait exécuter une marche de flanc en longeant le front de son adversaire. Il changeait aussitôt ces dispositions et, se bornant à défendre le cours de la rivière, il faisait marcher le gros de la 4ᵉ division sur Villersexel, rappelait la divisian badoise sur Arpenans. Il rappelait de même sur la rive droite les quelques troupes qui s'engageaient dans la direction de Villers-la-Ville, ainsi que les batteries qui s'étaient portées au sud de la ville. Les renforts envoyés par la brigade mixte lui étaient rendus.

Pendant ce temps le combat avait continué dans le bois des Brosses. Les Prussiens tentaient une attaque sur Marat; une de leurs batteries s'étant, dans son mouvement en avant, trop rapprochée de la lisière du bois, était accueillie par une fusillade violente et avait deux pièces démontées. L'attaque échouait complètement. A notre tour nous tentions vainement de nous emparer de Moimay; les feux de l'artillerie et de l'infanterie redoublés repoussaient nos lignes de tirailleurs. Mais vers 5 heures l'ennemi recevait de nouveaux renforts. C'était la division badoise qui arrivait d'Athenans. Cinq bataillons frais venaient prendre part à la lutte et avaient aisément raison des défenseurs fatigués de ce long combat. Le combat cessait de même à 6 heures du soir dans le bois des Brosses. Mais pendant ce temps le village de Villersexel était le théâtre d'une lutte acharnée.

Après que l'ennemi eut renvoyé de Villersexel les renforts envoyés par la brigade mixte, quelques soldats français, favorisés par le crépuscule, avaient gagné le parc et le château. Le 20e corps en profitait immédiatement pour lancer ses colonnes sur la ville. L'ennemi cédait sur tous les points et au bout de quelque temps le général de Tresckow II ordonnait la retraite. Ce mouvement était en train de s'effectuer quand survenait un ordre du général de Werder de se maintenir dans la ville. Trois bataillons et demi passent aussitôt le pont et ramènent en avant le 25e qui se repliait. Toutes ces troupes se reportent en avant. L'ennemi tâche de rentrer dans le château, mais il ne parvient à s'emparer que du rez-de-chaussée. La lutte s'engage alors dans les corridors et les escaliers avec des alternatives diverses. Il en était de même dans les rues du village. Il était 10 heures du soir, et le combat continuait à la lueur des incendies. Vainement l'ennemi marchait de nouveau à l'attaque du parc, il ne parvenait pas à s'en emparer. Le fracas du combat était extrême et ne cessait qu'un peu avant 3 heures du matin, par la retraite des Prussiens.

Les Allemands avaient engagé 15,000 hommes et 54 bouches à feu; ils avaient perdu 26 officiers et 553 hommes. Les Français avaient perdu 27 officiers, 627 hommes tués ou blessés et 700 prisonniers. Ils avaient engagé des fractions du 18e corps, une grande partie du 20e et très peu du 24e, c'est-à-dire 30,000 hommes. Le combat de rues avait été le plus meurtrier. Un seul bataillon allemand y avait perdu plus de 200 hommes.

Remarques sur l'attaque des villages et des bois.

On remarquera que dans cette bataille le pont sur l'Ognon et Villersexel n'ont pu être emportés que par un mouvement tournant, ce qui confirme une fois de plus la règle que nous avons énoncée et appuyée par tant d'exemples, que, pour enlever un village, il faut agir sur ses flancs; ce qui entraîne forcément la contre-partie qu'on défend un village en protégeant ses flancs.

On a vu une batterie prussienne décimée pour s'être trop approchée du bois des Brosses que nous occupions. C'est une confirmation nouvelle de cette règle que la cavalerie et l'artillerie ne doivent jamais s'approcher d'un bois sans être certaines qu'il n'est pas au pouvoir de l'ennemi; ce qui entraîne encore la contre-partie, à savoir que l'infanterie qui occupe un bois dont s'approchent la cavalerie ou l'artillerie ennemie, doit se cacher, réserver son feu et ne l'ouvrir qu'à bonne portée.

Situation des deux armées.

La situation était critique pour les Allemands. Les deux armées en présence avaient : l'une son aile droite, l'autre son aile gauche à égale distance de Belfort. Mais l'ennemi n'avait que trois divisions en présence des 125,000 hommes du général Bourbaki. Si l'on luttait de front, les Allemands avaient une grande infériorité ; s'ils se retiraient vers le nord, ils se rapprochaient des VIIe et IIe corps qui marchaient à leur secours. Mais c'était abandonner le siège. Il fallait renoncer à tant d'efforts devenus à jamais inutiles. On savait que la lutte était à sa fin. Abandonner Belfort que l'on comptait bien réunir avec l'Alsace à l'empire allemand était une perte irrémédiable. Il fallait donc gagner de vitesse l'armée française sur les routes de l'est.

Pour l'armée française, elle avait trois chemins à prendre : gagner la route de Belfort était possible ; on faisait lever le siège, ce qui était un grand succès. Il est vrai qu'en se glissant ainsi sur le flanc gauche de l'ennemi, on le mettait à même de se réunir aux IIe et VIIe corps qu'amenait le général de Manteuffel. On aurait, après le déblocus, à lutter contre ces trois corps réunis et augmentés du corps de siège. Mais l'avantage de débloquer Belfort était assez grand pour qu'on se résignât à cet inconvénient.

En gagnant l'aile droite de l'ennemi on le séparait des renforts attendus, mais on le jetait sur Belfort. Il faudrait ensuite lui livrer un combat de front en avant de la place. Or, il existait là une ligne difficile à attaquer que les généraux allemands avaient reconnue et fortifiée d'avance : c'était la ligne de la Lisaine.

Il existait un troisième moyen : c'était d'attaquer hardiment l'ennemi qu'on avait devant soi. Son infériorité numérique donnait le légitime espoir de le battre, et l'on atteignait ainsi les deux buts cherchés. On le séparait à tout jamais de ses renforts et de la place ; le siège était levé et l'on n'avait plus d'ennemis que les IIe et VIIe corps qui n'étaient pas encore arrivés sur le terrain de la lutte. C'était le dernier parti qu'il fallait prendre. On n'en choisit aucun, et l'on resta dans l'inaction, inaction funeste qui a perdu la campagne de l'Est.

Le général de Werder, plus avisé, mettait à profit le temps que lui laissait son adversaire. Dès le 10, son corps d'armée était concentré d'abord sur Aillevans ; le général, voyant qu'il n'avait pas d'attaque à craindre, exécutait immédiatement une marche de flanc. Dès le 11, il occupait Héricourt. Dans les journées des 12, 13 et 14 janvier, il répartissait ses troupes sur la rive droite de la Lisaine, et fortifiait cette ligne ; et ainsi posté entre l'armée de l'Est et Belfort, il attendait l'attaque de son adversaire.

Lignes de la Lisaine.

La Lisaine est une petite rivière qui coule du nord au sud. Sa largeur moyenne est de 7 à 8 mètres, et sa profondeur de 1 mètre environ. Elle était en ce moment complètement gelée et n'était plus un obstacle défensif. La vallée qu'elle arrose, d'abord large, à bords évasés, se rétrécit à partir de Chagey entre des versants rapides et boisés. A Héricourt la vallée s'ouvre un peu, dominée par le mont Vaudois, se resserre ensuite de nouveau à hauteur des forêts des Chanois et du Dannin, pour s'ouvrir encore et prendre une largeur de 1500 à 2,000 mètres autour de Montbéliard. A partir de Montbéliard s'ouvre, dans la direction de l'est, la vallée de l'Allaine. Deux routes traversent cette ligne ; l'une passe par Héricourt, l'autre par Montbéliard.

. Cette ligne avait été reconnue longtemps à l'avance par le général commandant le siège de Belfort. Il avait placé des pièces de siège sur tous les points favorables du terrain. Dix batteries comprenant 35 pièces des calibres de 15, 12 et 9 étaient réparties sur la ligne. Mais le général de Tresckow Ier, préoccupé d'une attaque venant du sud par Montbéliard, avait placé sur la ligne de l'Allaine toutes ces batteries, sauf une de 7 canons de 12 qui était au mont Vaudois, au nord-est d'Héricourt. Avant d'arrêter la position à occuper, les deux généraux de Werder et de Tresckow Ier avaient eu une conférence à la suite de laquelle la préférence avait été donnée à la ligne de la Lisaine. La 4e division de réserve envoyait une brigade et deux batteries à Montbéliard et Sahaux, l'autre brigade et quatre batteries à Héricourt. La division badoise envoyait les 2e et 3e brigades à l'aile droite, vers Frahier, et sa 1re brigade en arrière de la ligne, à Chalonvillars et Mandrevillars. Les deux divisions se reliaient entre elles au moyen de la brigade mixte von der Goltz, qui occupait le centre de la ligne à Couthenans, Lure et Chagey. Le 13, le général, pensant que notre armée, étroitement liée au chemin de fer d'où dépendait son existence, attaquerait son aile gauche à Montbéliard, faisait appuyer sur sa gauche la division badoise dont la 1re brigade venait se poster derrière la division de réserve, tandis qu'elle-même était remplacée à Mandrevillars par la 3ᵉ brigade. En même temps sur toute la ligne on établissait des tranchées-abris, des emplacements de batteries. Certains ponts étaient détruits, d'autres prêts à l'être. Les chemins étaient, dans les points difficiles, recouverts de sable ou de cendre. Enfin on s'apprêtait à une lutte à outrance contre un adversaire bien supérieur en nombre.

Marche du général Bourbaki sur la Lisaine.

Le général Bourbaki venait de voir l'ennemi se replier devant lui à Villersexel. Il paraît avoir supposé que l'ennemi reviendrait l'attaquer le lendemain pour s'ouvrir la route de Belfort. Mais celui-ci, au contraire, se dérobait et gagnait Belfort par le quatrième côté du trapèze dont nous avons parlé, c'est-à-dire par la ligne Vesoul-Belfort, tandis que nous suivions la diagonale. Le général Bourbaki ne faisait rien pour inquiéter ce mouvement de flanc si dangereux pour l'armée allemande. Soit que le mauvais temps, ou la mauvaise organisation de l'armée, ou la difficulté des ravitaillements l'aient retenu, il ne mettait ses troupes en mouvement que le 13, après trois jours complets de repos. Les journées des 13 et 14 étaient marquées par des engagements avec les arrière-gardes allemandes qui se repliaient devant nous, et le 14 au soir nous occupions les positions suivantes :

A notre droite, le 15ᵉ corps était à Sainte-Marie et Présentevillers, le 24ᵉ au centre, à Arcey et Gonvillars, le 20ᵉ à la gauche, à Saulnot et Chavanne. Ils occupaient un front de 8 kilomètres avec une densité de 10 hommes par mètre courant. Le 18ᵉ corps, retardé par les mauvais chemins, était encore à Moffans et Béderne, à 6 kilomètres de notre aile gauche. La division Cremer était encore plus à gauche, à Lure, au milieu de la route Vesoul-Belfort, poussant devant elle un détachement de huit compagnies, treize escadrons et huit batteries commandé par le colonel de Willisen, chargé d'observer notre marche. Quelques troupes fournies par la 7ᵉ division militaire étaient à Pont-de-Roide, au sud de Montbéliard.

Ordres pour la journée du 15 janvier.

Les ordres donnés pour la journée du 15 portaient en substance que l'armée exécuterait une conversion à droite ; le 15ᵉ corps servant de pivot se dirigerait sur Montbéliard, s'emparerait des bois Bourgeois et des positions en avant de la rive droite de la Lisaine. Le 24ᵉ corps devait occuper le bois de Montévillars et s'avancer jusqu'à la rivière, le 20ᵉ corps s'emparer d'Héricourt, mais il ne devait procéder à cette attaque qu'après que le 18ᵉ corps aurait prononcé son mouvement en avant. Le 18ᵉ corps et la division Cremer devaient franchir la Lisaine à Chagey et en amont, tourner la droite ennemie et se diriger sur Mandrevillars et Échenans. Le but final était d'occuper Montbéliard avec le 15ᵉ corps, garder la Lisaine, avec le 24ᵉ, Héricourt avec le 20ᵉ, et la ligne Héricourt-Argiésans avec le 18ᵉ et la division Cremer. Par ces dispositions le général Bourbaki comptait passer la Lisaine avec son aile gauche sur le point où la vallée présente le moins d'obstacles, se porter sur les derrières de la position qui serait attaquée de front par le reste de l'armée.

Malheureusement le 18ᵉ corps et la division Cremer, chargés de ce mouvement étaient un peu loin et avaient un assez long trajet à parcourir. Les chemins étaient difficiles et les bois présentaient des obstacles au déploiement de colonnes nombreuses.

L'ennemi avait deux points centraux de défense : le mont Vaudois au centre de la ligne, gardé par sept bataillons, deux escadrons et quatre batteries, sans compter la batterie fixe de sept canons de 12 établie sur les pentes; et le cours inférieur de la Lisaine jusqu'à Montbéliard, gardé par huit bataillons, deux escadrons et deux batteries. On avait cassé la glace et pris des dispositions pour la casser même sous le feu, si elle venait à se reformer.

Bataille d'Héricourt. — Première journée.

Le 15 janvier, le 15ᵉ corps entamait l'attaque; deux divisions en première ligne, et une en réserve. Le village de Sainte-Suzanne en avant de Montbéliard est d'abord attaqué. Les avant-postes de l'ennemi qui l'occupent opposent une vive résistance. Nos avant-gardes sont d'abord repoussées; l'ennemi se renforçant tient d'abord tête à toutes les attaques et parvient même à rejeter dans les bois les premières troupes qui ont débouché. Vers quatre heures de l'après-midi la 1ʳᵉ division se porte à l'attaque de la ferme du Mont-Chevis.

Les Prussiens accablés par le nombre battent alors en retraite, et retirent successivement toutes les troupes qui sont sur la rive droite de la Lisaine pour aller prendre rang sur la position principale de l'autre côté de la rivière. Montbéliard même est abandonné, à l'exception du château qui reste occupé par sa garnison.

Pendant ce temps l'artillerie prussienne s'était déployée sur la rive opposée, sur le plateau de Grange-Dame, à côté des batteries de siège. Cette ligne de 29 pièces était gardée par deux bataillons sur ses deux ailes, un autre bataillon était à l'est de Montbéliard et le reste des troupes se tenait à couvert derrière les hauteurs. De notre côté, le 15ᵉ corps avait déployé environ huit batteries à l'ouest de Montbéliard. Le duel d'artillerie continuait toute l'après-midi jusqu'à la nuit. L'ennemi répondait modérément avec ses batteries de campagne de peur d'épuiser ses munitions, mais le château de Montbéliard faisait un feu nourri, et à plusieurs reprises forçait nos batteries à changer de position. A la nuit tombante, une brigade de la 3ᵉ division entrait dans Montbéliard évacué et fusillait les défenseurs du château au moyen de créneaux percés dans les murs des maisons. La nuit venue, les troupes allaient jusque sur la Savoureuse chercher un abri contre la rigueur du froid.

Ainsi de ce côté le 15ᵉ corps avait atteint l'objectif fixé par l'ordre, sauf qu'il ne s'était pas emparé du château de Monbéliard ; l'ennemi avait eu deux bataillons particulièrement éprouvés ; c'étaient ceux qui avaient défendu Sainte-Sizanne et le mont Chevis. L'un avait perdu 219 hommes et l'autre 147.

Le 15ᵉ corps avait déployé d'autres batteries sur les coteaux au nord-ouest de Montbéliard et dirigeait son feu sur le village de Béthencourt sur la rive gauche. Quelques pièces du 24ᵉ corps, postées plus à gauche près de Vyans, concouraient à ce feu. Puis, vers 3 heures, l'infanterie se portait à l'attaque du petit Béthencourt. Une compagnie l'occupait, soutenue par trois compagnies placées à Béthencourt, soit dans le village, soit derrière le chemin de fer. La glace de la rivière avait été brisée et le pont détruit; il n'y avait de passage que par une digue de retenue des eaux.

Deux bataillons franchissent la rivière; mais ils sont reçus par une fusillade tellement nourrie qu'ils sont contraints de rétrograder; une partie cherche un refuge dans le cimetière situé sur la rive droite et oppose une résistance des plus vigoureuses; mais ils sont forcés dans cet asile, et une soixantaine d'hommes mettent bas les armes. Le bataillon de gardes mobiles de la Savoie s'était brillamment conduit; il avait perdu près de 400 hommes dans cette affaire. Il n'y avait plus d'autres engagements de ce côté, la nuit était calme. Seuls les pionniers travaillaient à briser la glace et à protéger les tranchées-abris par des réseaux de fil de fer.

Plus au nord, vers Bussurel, le 24e corps se portait sur la Lisaine; mais il ne parvenait qu'à 2 heures du soir à déboucher des bois. Deux attaques successives sur Bussurel étaient repoussées. L'artillerie française commit la faute de tirer sur l'artillerie allemande, faute que celle-ci n'imita pas, au lieu de tirer sur les troupes. Le 24e corps n'allait pas plus avant, considérant qu'il avait atteint le but fixé par l'ordre de la veille.

Le général Clinchant à la tête du 20e corps débouchait à 9 heures 1/2 devant Héricourt. Héricourt est précédé sur la rive droite de la Lisaine par une éminence appelée le Mougnot et formant une sorte de tête de pont. Cette position avait été fortifiée avec soin, bien que l'abri des bois permît de s'en approcher à couvert et que les abords en fussent insuffisamment battus par le mont Vaudois. Une partie des bois avait été rasée; la crête était défendue par plusieurs lignes de

tranchées-abris. On avait construit des batteries enterrées ; les routes barricadées, un cimetière au nord, le
moulin de Bourangle au sud, étaient organisés pour la
défense. Entouré d'artillerie de toutes parts, le Mougnot était un obstacle redoutable. Le 20e corps repoussait les avant-postes ennemis placés autour de Tavey,
et se développait en face d'Héricourt et du Mougnot.
Puis, se conformant à l'ordre du jour, il attendait,
avant d'attaquer la position, l'effet des mouvements
que devait exécuter le 18e corps.

Mais ce dernier et la division Crémer, chargés du
rôle principal, étaient forcés de manquer à leur mission. La division Crémer n'était arrivée que dans la
nuit à Lure ; le général n'avait pas reçu les ordres que
Bourbaki lui avait adressés par le télégraphe. Néanmoins, pénétré de la nécessité d'arriver, le général se
remettait en route après quelque repos, mais il n'avait
pas moins de 22 kilomètres à faire dans la nuit par des
chemins couverts de verglas avant d'être en présence
de l'ennemi. En partant il informait le général en chef
qu'il ne fallait pas compter le voir arriver avant neuf
heures du matin. Le 18e corps, cheminant dans les
forêts, dans la neige, était entravé dans sa marche par
divers accidents. Il se produisait des croisements de
colonnes diverses ; la réserve se croisait même à Lyof-
fans avec la division Cremer. Enfin l'artillerie division-
naire et l'artillerie de réserve, placées en queue, recevaient l'ordre de passer en tête. Grâce à tous ces
à-coups, ce n'était qu'entre midi et deux heures que le
20e corps pouvait se déployer entre Chagey et Lure. Il
était bien tard, par ces courtes journées d'hiver, pour
remplir sa mission. La 1re division faisait occuper
Couthenans tandis que nos batteries se déployaient
au nord de ce village, mais notre artillerie, foudroyée

par le mont Vaudois, avait beaucoup de peine à résister ; elle perdait un assez grand nombre de pièces
mises hors de service. D'autre part, les Allemands
tenant à ménager leurs munitions, la canonnade cessait presque complètement jusqu'à trois heures, où
elle reprenait avec plus de vivacité à l'arrivée de la
3ᵉ division. A peu près vers la même heure le 24ᵉ corps
dirigeait son feu sur les flancs du mont Vaudois. Mais
sur ce point l'infanterie ne dessinait aucune attaque
d'ensemble. Une canonnade inutile continuait jusqu'à
la nuit. Mais plus au nord, à Chagey, se produisait un
combat assez vif. La 3ᵉ division du 20ᵉ corps avait
attaqué le village vers deux heures et demie. Deux bataillons repoussaient les avant-postes, puis, secondés
par les zouaves, ils se rendaient maîtres de la position ;
à la vue des préparatifs de l'ennemi pour y rentrer,
on envoyait des renforts partis de Couthenans, mais
à peine sortis de l'abri des maisons ils étaient
contraints d'y rentrer par les feux de l'artillerie ennemie. Les Allemands rentrent alors en force et nous en
chassent après un combat assez court. Vers quatre
heures du soir le 20ᵉ corps préparait une nouvelle
attaque, mais il y renonçait à la vue des contre-prépa
ratifs de l'ennemi.

Chagey était le point par lequel nous devions tourner la droite ennemie. Il était fâcheux pour nous qu'il
ne fût pas attaqué avec une plus grande vigueur : sans
doute la marche longue et pénible exécutée dans la
journée avait usé les forces des soldats : mais on avait
eu le tort de donner le rôle le plus important à un
corps trop éloigné d'entrer en ligne.

Enfin, à l'extrême droite, la division Crémer arrivait en vue de l'ennemi en avant de Chenebier. Les
batteries des deux partis se répondaient, vers midi,

d'Étobon à Chênebier. La 1re brigade se maintenait à Étobon tandis que la 2e appuyait à droite pour donner la main au 20e corps et franchir la Lisaine en amont de Chagey. Il n'y avait aucun engagement sérieux de la journée sur cette partie du front.

La nuit venue, les deux partis conservaient leurs positions; mais tandis que les Allemands se mettaient à l'abri dans les villages en arrière de leurs lignes, les Français bivouaquaient en plein air, mesure rigoureuse nécessitée par la crainte de ne plus retrouver le lendemain des troupes aussi peu disciplinées. Somme toute, le général Bourbaki était content de la journée. C'était avec la plus grande appréhension qu'il avait fait subir à ce ramassis d'hommes l'épreuve du feu; elle avait été assez satisfaisante; les mobiles de la Savoie l'avaient subie avec gloire. Si la journée n'avait pas réussi, c'était dû au retard forcé de l'aile gauche, mais ce retard pouvait être réparé le lendemain. On s'emparerait alors d'Héricourt et on s'ouvrirait la route de Belfort. Les ordres étaient donnés dans ce sens de recommencer le combat à la pointe du jour.

Quant aux Allemands, ils avaient perdu environ 650 hommes; ils avaient maintenu leurs lignes, et songeant aux fatigues subies par cette armée qui les attaquait, à son manque d'organisation, à ses soldats non aguerris, aux pertes que le feu lui avait fait subir, à la nuit pénible qui allait suivre tant de maux, ils conservaient l'espoir de triompher malgré leur infériorité numérique. La seule inquiétude du général de Werder provenait du manque de munitions. Les trains attendus n'étaient pas arrivés, et l'on était réduit à ce qui restait sur le champ de bataille.

Deuxième journée.

A l'aube le combat commençait du côté de Montbéliard. Le château, sommé de capituler, répondait par
un refus. Les batteries françaises ouvraient immédiatement le feu ; mais ayant une infériorité de calibre
considérable, elles étaient, après deux heures de lutte,
contraintes d'abandonner la hauteur de la vieille
citadelle en laissant deux pièces sur le terrain. Pendant ce temps la fusillade s'était engagée entre le
château et les maisons vis-à-vis, mais bien que ce
feu gênât le service des pièces, il ne produisait pas
d'effet sérieux.

Les batteries délogées venaient se placer dans les
environs du mont Chevis où elles trouvaient à se défiler
des feux du château. Renforcées de trois autres batteries, élles répondaient aux feux de la Grange-Dame. Le
duel d'artillerie durait jusqu'à trois heures du soir,
où il faiblissait un moment pour reprendre ensuite
jusqu'à la nuit.

Trois attaques successives étaient dirigées par l'infanterie contre Béthencourt et le petit Béthencourt.
Dès les premiers préparatifs l'ennemi avait appelé sur
ce point un bataillon et deux batteries pris au Grand-
Charmont. A trois heures du soir trois bataillons se
lancent sur les deux villages et, malgré les feux de
l'artillerie, arrivent jusque sous les maisons. Mais ils
sont repoussés par un feu meurtrier et rétrogradent
en laissant de nombreux blessés sur le terrain. La
deuxième et la troisième attaques, tentées avant quatre
heures sur le nord de Béthencourt, étaient repoussées
de même.

Du côté de Bussurel, le 24 corps réunissait dès huit heures du matin cinq batteries aux environs de Vyans. L'ennemi, apercevant de grands mouvements de troupes appelait des renforts à Bussurel, mais il ne se faisait rien de sérieux de ce côté. Le feu d'artillerie et de tirailleurs durait toute la journée et incendiait Bussurel. Là encore, à la nuit, deux de nos pièces restaient sur le champ de bataille.

A Héricourt l'affaire était plus sérieuse. Un brouillard épais couvrait le champ de bataille. L'artillerie française placée à Tavey, au sud-est du Mougnot, avait ouvert son feu de bonne heure. A neuf heures du matin l'infanterie pousse une première attaque sur Saint-Valbert, au nord du Mougnot. Quelques compagnies ennemies avaient profité du brouillard pour occuper le mamelon en avant du village. Elles surprennent l'assaillant par leur feu et le rejettent sur le village de Vyans. Presque aussitôt le général Clinchant lançait une attaque sur le Mougnot. Le combat y durait une demi-heure. Nos hommes ne pouvaient triompher de la résistance des tranchées-abris qui garnissaient la position. A dix heures et demie nouvelle attaque sur le flanc sud de la position, suivie d'aussi peu de succès. Vers onze heures le brouillard s'éclaircit et permet aux batteries allemandes placées sur le plateau du Salamon de prendre part au combat. Vers midi le 20e corps faisait une nouvelle tentative dirigée cette fois sur Héricourt même et le moulin de Bourangle.

Vers midi le 20e corps, fatigué de ces attaques infructueuses et peut-être un peu décousues, ralentissait son action. Vers deux heures seulement le feu d'artillerie reprenait avec violence, paraissant préluder à une nouvelle attaque ; mais elle ne se produisait pas, et la canonnade durait jusqu'à la nuit sans résultats.

C'était au 18° corps que le général Bourbaki avait
confié le rôle important de la journée. C'était lui qui
devait franchir la Lisaine et se porter sur les derrières
de la position. L'ennemi n'avait à lui opposer sur ce
point que deux régiments, le 30° et le 34° destinés probablement à être écrasés par l'énorme supériorité
du 18° corps. Malheureusement on paraît s'être préoccupé de ce côté beaucoup plus du soin de se garder
sur la gauche que de celui de percer la ligne ennemie.
On avait aperçu des renforts se dirigeant sur la droite
allemande, vers Chenebier. Le général commandant le
18 corps supposait donc son flanc en danger. Il avait
à sa gauche la division Crémer, ne pouvant à cause du
terrain déployer qu'un très petit nombre d'hommes ;
il s'était entendu avec le général Crémer et s'était
chargé de couvrir à sa place la gauche de l'armée, soin
qu'il avait confié à la 2° division de son corps, dirigée
par lui sur Étobon. Il avait ensuite construit des batteries enterrées au bois de la Vacherie et aux bois
communaux à hauteur de Couthenans.

Les points de Mondrevillars et d'Échenans que l'ordre du général Bourbaki donnait comme objectifs ne
furent pas atteints. La canonnade ne commença guère
qu'entre deux et trois heures de l'après-midi. Les
tirailleurs se déployèrent ensuite ; mais la nuit vint
avant qu'on pût aborder la Lisaine et se lancer à l'attaque.

Plus à gauche, le général Cremer et la 2° division
du 18° corps étaient plus heureux. Les deux généraux
s'étaient entendus pour l'attaque du village de Chênebier qu'ils avaient devant eux. Au point de vue des
opérations générales, il était sage d'attaquer le village
par le sud à notre droite ; car on le séparait ainsi de
la ligne allemande. La forme du terrain favorisait heu-

reusement cette marche qui conduisait directement
sur la route de Belfort. Chênebier n'était défendu que
par deux bataillons, deux escadrons et deux batteries.
Le général de Degenfeld qui y commandait s'apprêtait
à soutenir bravement la lutte.

Le combat commence par une canonnade à laquelle
prend part l'artillerie des deux divisions, pour préparer l'attaque de l'infanterie. A 2 heures le colonel
Poullet, profitant habilement de la configuration du
terrain, lance brusquement deux régiments sur les
maisons au sud du village. Ils sont reçus par une vive
fusillade; les tirailleurs continuent néanmoins à avancer et l'on en arrive à la lutte corps à corps. Un de nos
bataillons est un instant repoussé, mais l'ennemi
débordé sur tous les points se retire en combattant.

Au même instant la 2e division du Penhoat atta--
quait le côté ouest. L'ennemi avait appelé de Frahier
quatre compagnies et une batterie pour prendre part
au combat. Ces troupes se heurtaient au général
Cremer conduisant le 83e régiment de gardes mobiles,
un bataillon du 32e de marche et un bataillon de la
Gironde. Le 83e, décimé par le feu, s'arrête un instant;
mais le commandant de Carayon-Latour enlève hardiment le bataillon de la Gironde et l'ennemi se décide
à évacuer Chenebier. A 3 heures et demi le général
de Degenfeld ralliait ses troupes à Frahier; mais
jugeant qu'il ne pouvait se défendre, il rétrogradait sur
le moulin Rougeot. A 6 heures du soir il était renforcé par le colonel Bayer avec deux bataillons, un
escadron et une batterie.

A partir de l'évacuation de Chênebier, la route de
Belfort était ouverte et quelques heures de marche
nous amenaient en vue des lignes de l'assiégeant. Le
général Cremer avait rempli la première partie de sa

mission ; la ligne ennemie était coupée de son extrême droite dont les fractions se retiraient vers le nord. Il ne dépendait plus que du général d'en remplir la dernière partie en se portant sur les derrières de la ligne après avoir prévenu le général Bourbaki de son succès et de sa marche en avant. Mais il n'en faisait rien et rétrogradait dans le bois de la Thure ; la division du Penhoat restait seule à garder Chênebier.

Cette journée qui devait être décisive n'avait, somme toute, été bien conduite que par le général Cremer. Lui seul avait atteint au moins partiellement le but fixé. Ses attaques avaient été sérieuses. Le 3e régiment badois, qui occupait Chênebier, avait perdu 250 hommes. Il n'en était pas de même partout ailleurs. Ainsi le 30e et le 34e d'infanterie, qui occupaient Lure et Chagey en face du 18e corps et qui se croyaient voués à une destruction totale, ne comptaient le soir que 4 morts et 9 blessés.

Les 15e et 24e corps n'avaient pas infligé à l'ennemi des pertes beaucoup plus grandes ; car le plus maltraité des bataillons qui leur étaient opposés comptait 3 morts et 9 blessés. Mais ils avaient pour excuse légitime qu'ils avaient atteint le but fixé par l'ordre. Le 18e corps ne pouvait alléguer la même excuse. A cette heure, s'il eût compris son rôle, Belfort était débloqué et peut-être Paris le lendemain.

Troisième journée.

Le général de Werder comprenait la gravité de sa situation. L'adversaire était à 8 kilomètres de Belfort. S'il portait son aile gauche en avant, une partie des succès de la campagne était irrévocablement compromise et une partie de cette Alsace tant convoitée serait soustraite au joug du nouvel empire allemand dont on pressentait déjà l'aurore. Les deux bataillons du général de Degenfeld ne pouvaient résister aux forces que nous mettions en ligne. Les pertes énormes (250 hommes dans un seul bataillon) et la fatigue du combat les rendaient incapables de défendre Chalon-villars le lendemain. Aussi dès 8 heures du soir le général Keller recevait l'ordre de se rendre de Man-drevillars au moulin Rougeot avec les troupes dispo-nibles et de reprendre Frahier et Chênebier.

Pendant que ce mouvement s'exécutait, diverses alertes avaient lieu sur le front des deux armées. Vers 7 heures du soir une vive fusillade retentissait vers Béthencourt et se prolongeait très avant dans la nuit. Des attaques partielles avaient lieu à Bussurel, au Mougnot et à Saint-Walbert; l'alerte était donnée à toutes les troupes, qui restaient sous les armes jusqu'à 3 heures du matin par un froid des plus rigoureux.

L'arrivée du général Keller à minuit au moulin Rougeot portait les forces sur ce point à huit bataillons, deux escadrons et quatre batteries. Elles se divisaient en deux colonnes qui devaient attaquer Chênebier par le nord et par le sud et s'ébranlaient à 4 heures et demie. La colonne du nord se heurte bientôt à une grand' garde dont le feu donne l'alarme aux défen-seurs. L'ennemi déploie huit compagnies dans le bois des Evans, où s'engage une lutte très vive et où les deux partis luttent confondus. Les Allemands, crai-gnant les méprises, se retirent bientôt sur l'extrême lisière du bois.

La colonne du sud s'était jetée inopinément sur Courchamp et l'avait enlevé en profitant de la surprise des défenseurs. On marche ensuite contre le village

et l'on s'empare de quelques maisons placées au sud.
Mais les défenseurs se rallient et opposent une vigoureuse résistance. Le jour venait cependant et la division du Penhoat envoyait des renforts dans le village.
A 8 heures et demie le colonel Bayer, voyant que la
colonne du nord n'avait pas réussi, se trouvait contraint d'évacuer le village. Il rétrogradait dans la
direction de Chalonvillars pour nous en interdire le
chemin. Le 4e régiment badois avait subi des pertes
considérables, et laissait près de 250 hommes sur le
terrain, un grand nombre d'officiers étaient tués ou
blessés.

Ces troupes se retiraient à peine du village que la
colonne du nord ayant été renforcée d'un bataillon se
portait de nouveau en avant dans le bois des Evans.
Une lutte meurtrière l'en rendait maîtresse après deux
heures de combat. Mais elle était contrainte de s'arrêter devant le village. Vainement quelques soldats
parvenaient à prendre pied dans deux maisons; ils
étaient bientôt contraints de les abandonner. L'ennemi rentrait donc dans le bois.

Il était dès lors évident que le général Keller ne
pouvait pas reprendre Chênebier. Tout ce qu'il pouvait faire, c'était de nous interdire la route de Belfort.
Il se fiait de ce soin à quatre batteries placées en
avant de Frahier. Vers 3 heures, l'ennemi abandonnait le bois des Evans et se retirait dans ce dernier
village. Il n'était pas poursuivi dans sa retraite.

La division Cremer avait pris les armes dans le bois
de la Thure. Elle passait sa journée à marcher sur
Etobon et à rallier ses traînards. Une faible partie
avait pris part à la défense de Chênebier que la division du Penhoat avait si vaillamment protégé contre
toutes les attaques. Mais les deux divisions s'occu-

paient beaucoup plus de se garder sur leur gauche que de la mission de déborder l'ennemi, que leur avait confiée le général en chef.

Sur le reste du front il ne se passait rien de remarquable. Deux attaques successives dirigées sur Chagey à 10 heures et demie et à 11 heures et demie étaient repoussées et suivies d'une longue et inutile canonnade. A Héricourt, des coups de canon et rien de plus. Devant Montbéliard, au bois Bourgeois et au mont Chevis, une ligne d'environ dix bataillons se déploie devant l'ennemi. Mais, mal dirigée, son prolongement vient passer par la batterie que l'ennemi a installée à la Grange-Dame. Le feu de cette position arrêtait le mouvement d'ensemble. Seules, quelques fractions arrivaient jusqu'à Montbéliard. Vers 2 heures tout rentrait dans le calme.

Le général Bourbaki ordonne la retraite.

Le général Bourbaki avait parcouru à midi le champ de bataille. Déçu dans ses espérances, ne recevant aucune nouvelle des succès attendus de son aile gauche, il réunissait à 3 heures, près de Chagey, une conférence à laquelle assistaient les généraux Billot, Bonnet, Pilatrie, et d'autres officiers. Il y soulevait la question de masser de nouvelles forces à l'aile gauche. On lui objectait que ce serait se dégarnir en face de Montbéliard, et que l'ennemi porterait alors son aile gauche en avant le long de nos communications. Cette objection n'avait aucune valeur; car l'opération serait achevée bien avant que l'ennemi s'en aperçût, surtout dans un pays si boisé; ensuite son premier soin serait, dans ce cas, de courir sur Belfort; et s'il ne le faisait

pas et se portait sur notre aile droite, nous ne pouvions que nous en applaudir, puisqu'il nous ouvrirait
la route vers le but final de toute la campagne et qu'il
conspirerait avec nous pour nous assurer la palme
décisive. C'était le cas de se rappeler Napoléon Ier
dévoilant son plan la veille de la bataille d'Austerlitz :
« Tandis qu'ils chercheront à tourner mon aile droite,
ils me prêteront le flanc. » Une deuxième objection
partait de la difficulté du ravitaillement dans ces
régions, justifiant ainsi les vues du général de Werder,
qui avait bien pensé que l'armée ne pourrait pas
s'éloigner du chemin de fer, d'où dépendait son
existence.

Du reste, l'état des troupes était déplorable et ne
permettait guère de compter sur le succès d'un
nouvel effort. Elles avaient passé deux nuits au
bivouac ou sous les armes, par un froid des plus
rigoureux, la plus grande partie sans nourriture. Un
télégramme annonçait l'arrivée des têtes de colonne
des IIe et VIIe corps à Thilchâtel et Iss-sur-Thil. Le
général Bourbaki, le désespoir dans l'âme, ordonnait
alors la retraite.

Résultats de la bataille.

Nous avions perdu 8,000 hommes ; les Allemands
avaient perdu 60 officiers et 1586 hommes. Avec
45,000 hommes et 143 bouches à feu, ils avaient
résisté aux 125,000 de l'armée de l'Est. Nous ne
reviendrons pas sur les réflexions que nous avons
mêlées à notre récit. Nous n'en ajouterons qu'une
seule. Le plan du général Bourbaki était facile à
exécuter et très bien conçu. Il était favorisé par

l'extrême infériorité numérique de l'ennemi, et eût certainement réussi si ses ordres avaient été mieux exécutés, et si de plus grandes forces eussent été massées au point décisif, de façon à assurer le succès de sa manœuvre.

Enfin nous ferons une remarque plus importante, car elle donne une mesure numérique des efforts que l'on peut faire. Si nous considérons que l'armée de l'Est était déplorablement organisée, sans aucune instruction, en proie à des privations et à des souffrances excessives; que l'ennemi était dans une position excellente, longuement reconnue et fortifiée à l'avance, et que néanmoins il a été à deux doigts de sa perte, nous conclurons que lutter à un contre trois est l'extrême limite de ce que peut se permettre une armée aguerrie contre un adversaire tel que l'armée de l'Est.

Le lendemain 18, quelques engagements sans importance avaient lieu devant Chagey, Lure et Méricourt, et en même temps à l'aile droite et à l'aile gauche. L'ennemi reconstituait ses troupes fort dispersées, surtout la division badoise qui avait combattu partout. Le 19, cette division se dirigeait sur Frahier et Etobon, tandis que la brigade mixte et la 4e division de réserve se dirigeaient sur Saulnot et Arcey, ayant l'ordre d'établir le contact, mais sans s'engager, la supériorité numérique de l'adversaire ne permettant pas de le poursuivre sans danger.

CHAPITRE VIII.

BOMBARDEMENT DE PARIS.

Bombardement de la rive gauche.

Le bombardement de Paris commençait dans les premiers jours de janvier. Dix-sept batteries avaient été construites contre les fronts sud. Elles étaient divisées en trois groupes. Le groupe gauche (pour les Allemands) comptait quatre batteries situées dans le parc à l'ouest du château de Meudon. Le groupe du centre, sur le plateau de Châtillon comptait neuf batteries, et celui de droite, trois batteries placées dans les terrains bas entre Fontenay-aux-Roses et Bagneux. Une batterie séparée se trouvait dans le parc de Saint-Cloud. L'assiégé, de son côté, avait fait des travaux de contre-approche sur le front sud et au nord dans la direction du Bourget. Il entretenait une canonnade incessante qui n'avait guère d'autres résultats que de maintenir l'assiégeant dans une alerte perpétuelle.

L'assiégeant armait ses batteries sans obstacle dans la journée du 3 et dans la nuit suivante. Le 4 au matin 98 pièces étaient en état d'ouvrir le feu; mais un brouillard épais interceptait complètement la vue. Le lendemain 5, le jour étant plus pur, le feu commençait à 8 heures et demie; ce n'était néanmoins que vers midi que toutes les pièces y prenaient part. La place ripostait sur-le-champ. Les canonnières placées sur la Seine étaient contraintes d'abandonner leur poste. Le fort d'Issy se taisait à 2 heures; Vanves et les batteries intermédiaires répondaient d'une façon irrégulière; Montrouge seul répondait avec vigueur, ainsi que le corps de place. Ce même jour, une pièce de 15ᶜ lançait quelques obus dans la ville même.

L'assiégé avait pris ses précautions. La plupart des monuments publics avaient été blindés, les collections précieuses mises à couvert. Malheureusement son artillerie était inférieure en précision et en portée; elle compensait ce défaut par sa supériorité numérique; car plus de 600 bouches à feu armaient le front et les forts du côté du sud. Ce qui faisait défaut, c'étaient les abris casematés. Le service des pièces devenait extrêmement pénible et dangereux. L'assiégeant avait armé un petit détachement de fusils Chassepot, afin de profiter de la supériorité de cette arme, et s'en servait pour des feux à longue portée.

L'atmosphère brumeuse interrompait de temps en temps le bombardement. Néanmoins les forts d'Issy et de Vanves étaient fort maltraités et ne présentaient plus une force suffisante pour appuyer les postes placés en avant d'eux. Force était donc de les évacuer. Dans la nuit du 9 au 10 janvier les Allemands se portaient en avant et fortifiaient la position entre Notre-Dame de Clamart et Châtillon, arrivant ainsi à 750 et 450 mètres des forts. Néanmoins, bien que le feu des forts fût affaibli considérablement, l'ennemi ne parvenait pas à dominer celui du corps de place. Le 10 janvier, l'assiégé surprenait un poste dans Notre-Dame de Clamart; mais à la suite d'autres attaques infructueuses il évacuait Clamart, qui était aussitôt occupé par trois bataillons et deux compagnies allemandes.

Le lendemain l'assiégé dirigeait sur le village 500 marins et plusieurs bataillons de garde nationale. L'affaire donnait lieu à une vive fusillade qui durait plus
d'une heure. Mais pris en flanc par une compagnie
prussienne, nos bataillons se débandaient et rétrogradaient en désordre sur les tranchées en avant d'Issy.

Le feu de la place n'était pas sans effet. La batterie
placée dans le parc de St-Cloud avait plusieurs fois
son épaulement complètement écrêté. Les batteries
17, 19 et 21 avaient leurs parapets traversés et leurs
abris démolis au pied même du parapet. Les magasins
à poudre sautaient dans les batteries 21 et 23.

Le fort d'Issy était fort maltraité; des incendies
y éclataient à plusieurs reprises. Dans le fort de Montrouge, 18 pièces tiraient de 5 à 600 coups par jour;
mais il n'y avait plus d'abri pour les défenseurs et le
bastion n° 14 était en ruine.

Pendant ce temps une partie des pièces ennemies
tirait sur la ville. On obtenait sous un angle de 30°
des portées de 7,500 à 8,000 mètres. On atteignait le
pont Saint-Michel, le pont Notre-Dame, le Champ de
Mars, le Jardin des Plantes, qu'on aurait dû épargner,
et l'île Saint-Louis. 300 ou 400 obus tombaient en
moyenne chaque jour entre Auteuil, Passy et les quartiers de la rive gauche. L'assiégé évacuait un grand
nombre de maisons de ce côté et les habitants expulsés
étaient logés dans les habitations vides sur la rive
droite.

Pression de l'opinion publique.

Dans les journées suivantes l'assiégé dirigeait de
fréquentes sorties du côté du nord, sur le Bourget et

d'autres lieux. Elles n'avaient d'autre résultat que de maintenir l'ennemi sur pied. Cependant l'état de Paris empirait chaque jour. Il fallait rationner la population, et l'armée devait céder à la ville une très grande quantité de ses approvisionnements. Le pain devenait rare et de très mauvaise qualité; il fallait faire queue à la porte des bouchers. Les bouchers vendaient toutes sortes de viande. Le Jardin des Plantes cédait toutes les bêtes qu'il ne pouvait plus nourrir. L'éclairage au gaz était remplacé par le pétrole. Le combustible manquait. L'armée et le gouverneur de Paris ne croyaient plus à la possibilité d'une sortie; mais l'opinion publique ne voulait pas croire que l'on fût obligé de subir la loi du vainqueur. Tant que notre faiblesse n'était pas plus évidente que le soleil, on ne voulait pas y croire. Il fallait une dernière et solennelle expérience qui dessillât tous les yeux. On fixait pour cet effort suprême la date du 19 janvier, et l'on décidait que l'on prendrait la route de Versailles.

CHAPITRE X.

FONDATION DE L'EMPIRE ALLEMAND.

La veille même de cette dernière convulsion de l'agonie parisienne, le roi de Prusse recevait solennellement dans le palais de Louis XIV les députés qui venaient lui offrir la couronne et le titre d'empereur d'Allemagne, dont l'unité était, paraît-il, définitivement fondée ; comme si cette unité ne pouvait sortir que de l'anéantissement de la France. Ce grand acte national pour l'Allemagne se passait loin de la patrie allemande, sur un sol étranger dont les pierres mêmes se soulevaient contre l'insolent vainqueur. L'aurore de cet empire éclairait des champs couverts de morts et des cités en ruines, des peuples affamés et d'effrayantes rangées de canons, signes matériels de la force primant le droit, indestructiblement liés à l'origine de l'état nouveau.

Le nouvel empereur annonçait ce grand événement à son armée par un ordre où, avec un égoïsme tout royal, il appelait ce jour : « un jour mémorable pour moi et pour ma maison ». De l'Allemagne, il n'en était rien dit.

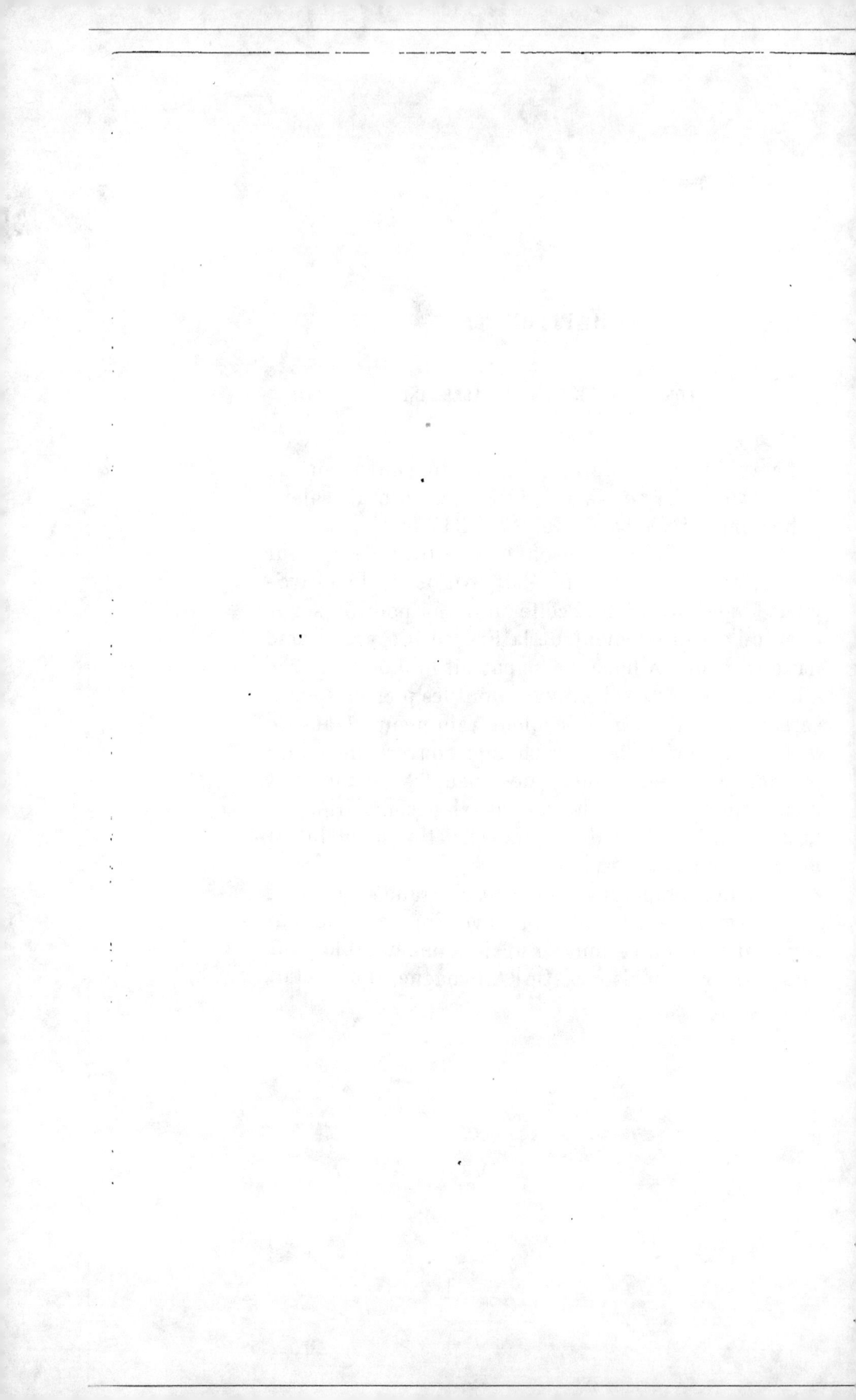

CHAPITRE XI.

Bataille de Buzenval le 19 janvier.

L'attaque projetée devait avoir lieu dans la direction de Versailles par trois colonnes présentant un effectif de 85,000 hommes, dont 42,000 de gardes nationales. L'aile gauche, sous les ordres du général Vinoy, devait se masser à la Briqueterie et enlever Montretout et Saint-Cloud. Le centre, sous les ordres du général de Bellemare, avait pour objectif Garches et le parc de Buzenval; l'aile droite, sous les ordres du général Ducrot, marcherait contre le Haras. L'attaque devait avoir lieu à 6 heures du matin au signal d'un coup de canon tiré par le Mont-Valérien; puis elle fut fixée à 6 heures et demie à cause des difficultés du rassemblement. A l'heure dite, le premier échelon du général Vinoy était seul en position; la colonne du centre n'était pas encore déployée; l'aile droite n'était pas en vue. Enfin le général Trochu, qui devait diriger lui-même le combat n'était pas encore arrivé. Le général Ducrot faisait retarder le signal qui n'était donné qu'à 7 heures. Le général Trochu qui arrivait un peu après, ayant appris que l'aile droite n'était pas en position, tâchait, mais en vain, d'arrêter l'aile gauche déjà aux prises avec l'ennemi. Tous ces retards provenaient de

ce que l'armée française ne possédait que les ponts de
Neuilly et d'Asnières pour franchir la Seine. Plusieurs
colonnes s'étaient croisées en route. Enfin l'état du
sol défoncé par le dégel avait contraint d'acheminer
toute l'artillerie sur une seule route.

Du côté des Allemands la ligne était gardée par le
V⁰ corps, ayant en première ligne la 17e brigade à sa
droite et la 20e à sa gauche. Les avant-postes s'éten-
daient de Saint-Cloud au Haras, et du Haras à la Malmaison, puis à la Seine. Les compagnies d'avant-postes se
tenaient dans le parc de Saint-Cloud, à la Celle-Saint-
Cloud et à la sortie de Bougival. Les réserves étaient à
Ville-d'Avray, Marnes, Vaucresson, la Celle-Saint-Cloud
et Bougival. Le reste du corps d'armée était échelonné
de Versailles à Marly-le-Roi.

Un brouillard épais couvrait la vallée. Notre aile
gauche surprend les avant-postes. Renonçant à l'ha-
bitude prise de faire précéder l'attaque par le feu de
l'artillerie, elle était arrivée inopinément sur l'ennemi,
s'emparait du premier coup de Montretout et pénétrait
dans Saint-Cloud. Une centaine d'hommes résistaient
énergiquement dans la redoute de Montretout et s'y
maintenaient jusqu'à 9 h. 3/4, où, cernés de toutes
parts, ils parvenaient à se faire jour, laissant un
grand nombre de prisonniers.

Les Allemands avaient tout de suite reconnu qu'ils
avaient affaire à une attaque sérieuse, et le corps
d'armée, quittant ses cantonnements, se portait moitié
sur Jardy, moitié sur Beauregard. Le prince royal
appelait à Versailles, par mesure de précaution, six
bataillons de landwehr de la garde et une brigade du
11e corps bavarois.

Pendant ce temps l'aile gauche, poursuivant ses
avantages, avait refoulé les avant-postes de la Maison

du curé et avait établi quelques compagnies dans les premières maisons de Garches et dans le parc de Buzenval. Les premiers renforts allemands parviennent à nous expulser de Garches et garnissent la ligne de défense. C'était le moment où le général de Bellemare passait à l'attaque générale. L'artillerie allemande garnissait en ce moment ses batteries. L'attaque ne pouvait obtenir aucun résultat. Vainement on revenait à plusieurs reprises à l'assaut de la bergerie attenant à Garches. Les feux rapides partant des murs repoussèrent tous les assauts. Une section du génie venait poser au pied de la muraille des cordons de dynamite, mais sans succès, la dynamite étant gelée.

Du côté de Saint-Cloud l'ennemi était rentré en possession de la gare, mais il ne parvenait pas à progresser dans l'intérieur. Le combat dans les rues était acharné, et quatre compagnies fraîches ne parvenaient pas à décider la lutte en faveur des Allemands. Pendant ce temps l'artillerie prussienne se déployait, et mettait en ligne 36 pièces qui foudroyaient nos colonnes, mal soutenues par la nôtre. L'artillerie du général Vinoy tentait de monter sur le plateau de Garches; mais elle n'avait que des canons de 12 et de 7, trop lourds pour des chevaux affaiblis, et elle ne parvenait pas à gravir cette côte glissante. Elle était donc réduite à prendre position à la Fouilleuse. L'artillerie allemande gardait jusqu'à la fin la supériorité du feu.

Vers 10 heures et demie avait lieu l'attaque générale de notre aile droite. La division Susbielle se porte contre la Malmaison et la division Berthaut contre le parc de Buzenval. Ces troupes débouchent bravement sous le feu de l'infanterie prussienne; mais leur élan bientôt enrayé et vers midi l'affaire se transformait en tirailleries. Deux divisions de landwehr de la garde venaient se relier aux deux batteries du V⁰ corps postées près de Saint-Michel. Deux bataillons et une batterie légère se portaient à la rencontre du train blindé en station à la gare de Rueil. D'autre part, l'armée de la Meuse avait envoyé quatre batteries sur Montesson. Au lieu de répondre au feu de l'artillerie française, elles tiraient sur l'infanterie postée autour de Nanterre. Vers 2 heures, l'attaque reprend avec une nouvelle énergie. Deux batteries françaises se plaçant à l'est de la Malmaison criblent d'obus la porte de Longboyau; puis les brigades Miribel et Roche et une grande partie de la division Faron cherchent à s'emparer du mur intérieur du parc. Un officier du génie et dix sapeurs tentent de renverser ce mur avec la dynamite. Mais la bravoure avec laquelle marchent ces quelques hommes ne leur assure pas le succès. Tous succombent sous le feu. Nos tirailleurs arrivent jusqu'à 200 pas, mais là les lignes s'arrêtent. Vainement les officiers se portent en avant, personne ne les suit; le mouvement s'arrête et se transforme en une retraite sans ordre. A la tombée de la nuit l'ennemi reprend possession de la Malmaison, et les réserves regagnent leurs emplacements habituels.

A notre aile gauche, le combat traînait en longueur. Le retard du général Ducrot empêchait de continuer le mouvement en avant si bien commencé dans la matinée. Vers 2 heures, l'ennemi renforçait son front et, voyant que le feu baissait du côté de Buzenval, jugeait qu'il était temps de passer à l'attaque. Mais cette offensive était refoulée par les feux de notre artillerie de la Fouilleuse. Les Français préparaient alors une nouvelle attaque, ce que voyant, le prince royal faisait avancer sur Vaucresson une brigade de landwehr de la garde. Mais elle ne trouvait pas à s'engager.

La nuit tombait déjà quand l'ennemi cherche à reprendre possession de Garches; il est accueilli par une fusillade très vive. Les Allemands cèdent d'abord et finissent par épuiser leurs munitions. Mais ils sont à propos renforcés d'un bataillon, tandis qu'une de leurs compagnies menace notre flanc droit. Nos troupes, alors, se replient et rétrogradent sur la Fouilleuse, mollement suivies par l'ennemi qui rentre dans la Maison du curé.

A l'aile droite, le général de Bothmer essayait d'appuyer l'attaque sur Garches, au moyen d'une compagnie qui partait de Saint-Cloud dans cette direction. Mais elle était bientôt contrainte de rétrograder devant des forces supérieures. Une attaque dirigée par six compagnies sur la redoute de Montretout échouait complètement devant la résistance des Français. Le général, vu l'importance de la position, joignait deux bataillons aux six compagnies déjà en action. Mais lorsque ces troupes arrivaient en trois colonnes sur la redoute, elles la trouvaient complètement évacuée.

Deux compagnies se joignaient à celles qui luttaient dans Saint-Cloud. Mais là, les efforts de l'ennemi étaient infructueux. Il parvenait cependant à cerner la petite troupe qui s'y défendait et qui ne se rendit que le lendemain dans l'après-midi. Pendant ce temps, les autres troupes, sur l'ordre du général Trochu, rentraient dans Paris. Le dernier acte du siège était terminé.

Dans cette journée les Allemands nous avaient opposé 21,000 fantassins, 1100 cavaliers et 84 bouches à feu. Ils avaient perdu 40 officiers et 570 hommes. De notre côté, nous laissions 145 officiers, et 3,430 hommes tués ou blessés, et 44 officiers et 450 hommes prisonniers.

L'armée allemande avait donc résisté à des forces quadruples. Cependant nous avons donné dans un chapitre précédent la proportion de un contre trois comme limite de ce que peut tenter une armée solide et instruite contre une autre qui ne l'est pas. Mais nous ferons observer que les lignes d'investissement autour de Paris avaient été étudiées et fortifiées pendant plus de trois mois, et avaient acquis une valeur bien plus grande que celles de la Lisaine ; de plus, que la bataille avait lieu sous les yeux de l'empereur Guillaume, le lendemain de son avénement, et que ces circonstances ont dû tendre à exalter singulièrement la valeur des combattants, et que, par suite, il est prudent de s'en tenir à la limite fixée précédemment.

Bombardement de la rive droite.

Pendant ce temps, l'assiégeant avait préparé le bombardement du côté du nord. Le 21 janvier à 9 heures du matin, 81 pièces entraient en action contre Saint-Denis et les ouvrages environnants. La place répondait vivement pendant deux jours ; mais elle souffrait beaucoup, et le 23 les Allemands rapprochaient leurs batteries à des distances variant de 1200 à 1800 mètres. D'autres batteries se rapprochaient dans la nuit du 28. Jusqu'au 29 le feu continuait. L'assiégé perdait 180 hommes, et l'assiégeant 25. Au bout de ce temps, les forts étaient ruinés et ne pouvaient plus

résister longtemps à un siège en règle. Il est vrai que
le corps de place était encore intact, mais l'artillerie
seule restait en jeu, et l'on ne songeait plus aux actions
en rase campagne. Quant au bombardement contre la
ville même, il avait fait 97 morts, dont 23 femmes
et 31 enfants, et 278 blessés, dont 36 enfants et
90 femmes. C'était donc une cruauté gratuite, inutile
et dispendieuse. Lorsque le bombardement a lieu
préliminairement à toute opération, sa cruauté peut
être excusée par le désir de s'emparer d'une ville
encore pleine de ressources, avec des pertes minimes
et dans un laps de temps très court pour l'assiégeant.
Mais lorsqu'il ne dispense pas des travaux ordinaires
d'un siège, comme il arrivait pour Belfort, ou bien
lorsqu'il a lieu, comme devant Paris, à la suite d'un
long blocus, alors que toutes les ressources de la ville
sont épuisées, lorsque aucune armée ne tient plus la
campagne, menaçant de forcer les lignes d'investissement, alors le bombardement n'est plus qu'une bar-
barie sans excuse, et il ne suffit pour la justifier de
dire que le moment psychologique est venu.

Dans ces derniers jours, l'assiégé avait voulu essayer
l'emploi de la garde nationale en dehors, mais l'expérience fut triste. Dans une attaque de nuit, tentée le
13 janvier par le général Vinoy, avec des troupes de
ligne assistées de mobiles de la Seine et de quelques
bataillons de gardes nationales, tout ce monde peu
aguerri s'était enfui au premier coup de feu. A
Buzenval, quelques bataillons avaient été admirables
de fermeté et de tenue. Ils appartenaient aux quartiers du centre, étaient formés de gens instruits et
éclairés. Quant aux bataillons venus de Belleville et
des quartiers excentriques, ils avaient montré la plus
honteuse poltronnerie. Ce qui prouve que l'instruction

produit en général la bravoure, et que le bon soldat est le soldat instruit.

Capitulation de Paris.

La capitulation était devenue imminente. Bien que la population et les maires de Paris demandassent une sortie en masse de toute la population, les généraux déclaraient à l'unanimité que le terme de la défense était arrivé. Le 22, le général Trochu était contraint de donner sa démission comme gouverneur de Paris. Le 23, Jules Favre recevait la triste mission de traiter avec l'ennemi. Dès le 26, les hostilités étaient suspendues, et les arrivages se faisaient librement; et le 28 janvier, M. de Bismarck et Jules Favre signaient une convention par laquelle un armistice était conclu jusqu'au 19 février à midi. L'armistice s'étendait à tout le territoire français, à l'exception des départements du Doubs, du Jura, de la Côte-d'Or et du territoire de Belfort, où les hostilités continuaient leur cours. La garnison de Paris était prisonnière de guerre, à l'exception de 12,000 hommes nécessaires pour le service intérieur. Elle rendait ses armes et ses munitions. La garde nationale, la garde municipale, les douaniers et les pompiers conservaient leurs armes. Tous les forts étaient remis à l'armée allemande.

Le 29, la capitulation avait lieu sans aucun obstacle. Nous livrions à l'ennemi 602 pièces de campagne, 177,000 fusils et 1200 voitures de munitions, 1362 pièces de place, 1680 affûts, 860 avant-trains, 3,500,000 cartouches Chassepot, 200,000 obus, etc.

Le blocus avait duré 132 jours.

Réflexions sur le siège de Paris.

Le siège de Paris ne présente rien de remarquable au point de vue de l'attaque et de la défense des places. Tout s'est borné à un simple blocus suivi d'un bombardement partiel. Presque toutes les opérations se sont faites en rase campagne, à l'exception des attaques de quelques villages sur les fronts du sud. Les Prussiens n'ont fait que deux opérations, l'attaque du Bourget et celle du Mont-Avron. Ils se sont bornés strictement à maintenir le blocus, et c'est par la famine seulement que Paris est tombé.

Nous avons décrit le système adopté par l'ennemi pour la défense de ses positions. Le périmètre fut divisé en secteurs présentant chacun une ligne de bataille bien limitée. Le front de chaque ligne était semé d'obstacles qui devaient être longuement défendus par les avant-postes. En arrière des obstacles se trouvaient : 1° la ligne de combat de l'infanterie ; 2° celle des réserves ; 3° la ligne de combat de l'artillerie. Plus en arrière s'élevaient des ouvrages complets, présentant toutes les ressources de la fortification. Placés sur les points dominants, et couvrant les lignes de retraite, ils devaient être défendus à toute extrémité.

La défense avait à résoudre un problème extrêmement difficile et compliqué. Organiser cette multitude armée, y faire régner la discipline et l'ordre, la fournir de vivres, de munitions, d'hôpitaux, maintenir l'ascendant du pouvoir militaire sur une population inquiète et turbulente, était une tâche à effrayer l'esprit le plus hardi. Or, il fallait non seulement suffire à ces soins, mais encore tenir tête avec des éléments insuffisants ou mauvais à un ennemi redoutable, énergique, enorgueilli de ses victoires. La position du gouverneur de Paris, si difficile par elle-même, l'était rendue plus encore par la présence du gouvernement. Aucune place ne peut être défendue si l'élément civil n'est pas tenu complètement en dehors de la défense. Le gouverneur d'une place, seul responsable de sa conservation, doit avoir en mains tous les pouvoirs. Le rôle qui lui est imposé exige de lui un corps de fer et une âme de même; une vigilance de tous les instants, une fermeté au-dessus de toutes les épreuves, de tous les désastres, une ténacité indomptable. Il faut que ses malheurs mêmes tournent à sa gloire en le forçant à s'élever au-dessus d'eux et à montrer une âme intrépide au milieu des ruines. Il y a peu d'hommes de guerre trempés à la Masséna, qui puissent dignement remplir ce rôle. L'expérience ne démontre-t-elle pas que l'élément civil est toujours une cause de faiblesse? Mais dans une ville comme Paris le gouverneur ne peut pas annuler un gouvernement dont il tient tous ses droits. C'est une faiblesse inévitable de la défense. Aussi la politique est sans cesse venue nuire aux opérations du général Trochu.

L'organisation administrative de la défense a été au-dessus de tous les éloges. Subsistances, munitions, vivres, hôpitaux, tout fonctionna avec une facilité merveilleuse. Les immenses ressources de la capitale furent sagement exploitées. Elles avaient été accumulées par le ministère Palikao avec une rapidité inconcevable. Ce ministère de 24 jours peut assumer la gloire d'avoir préparé la défense de Paris, de l'avoir rendue possible. C'est lui seul qui a, par ses actes, permis de prolonger la défense si loin au delà du

terme espéré par les Allemands. Il a en outre conçu
la marche de l'armée de Châlons sur Metz, qui n'a
manqué que par la lenteur et les timidités de l'exécution.

De même que l'assaillant avait divisé le périmètre
de l'investissement en secteurs, de même l'assiégé
avait divisé en secteurs celui de la place. Le principe
était bon ; mais il laissa quelque chose à désirer dans
l'exécution. On laissa subsister une quantité considérable de commandements qui s'enchevêtraient les
uns dans les autres. Commandants de secteur, commandants de corps d'armée, commandants des forts
du Sud ou autres, commandants particuliers de
chaque fort ; commandements de l'artillerie et du
génie, tant de la rive droite que de la rive gauche. Il
en résultait des conflits, et il y en eût eu bien davantage si tous n'eussent mis le plus grand zèle à se
sacrifier et à concourir au bien commun. Le général
Vinoy a plusieurs fois fait ressortir les défauts de cet
état de choses, et l'on ne peut qu'approuver son
projet, qui veut que chaque secteur soit une véritable
place, et que tous, troupes, services du génie, de
l'artillerie, de l'intendance, opérations, tous, en un
mot, soient sous les ordres du commandant de secteur.
Il faut, par suite, faire la répartition des ressources de
la place dans chaque secteur, et que dans chacun
d'eux le commandant se conduise comme s'il était
seul dans une place assiégée. Le gouverneur de la
place aurait dans les mains une réserve générale au
moyen de laquelle il pourrait porter tous les efforts de
la place sur un point déterminé.

Il est certain qu'avec des troupes expérimentées il
eût été possible à une armée de franchir les lignes
prussiennes et d'aller tenir la campagne, tandis qu'il

resterait dans Paris une force très capable de le défendre. Mais si l'armée était forte numériquement,
elle était d'une faiblesse extrême sous le rapport de
la valeur des soldats. L'opération tentée par le général
Ducrot, le 18 septembre, contre les Prussiens en
marche pour opérer l'investissement, montra tout de
suite le peu de cas que l'on pouvait faire de cette
multitude. L'affaire bien pensée, bien combinée et
bien conduite, échoua par la faute des soldats qui
s'épouvantèrent dès les premiers obus, du désordre
qui s'ensuivit et de la retraite anticipée de la division
de Caussade. Cette épreuve malheureuse fit voir qu'il
fallait avant tout se vouer à l'instruction élémentaire,
et aguerrir le soldat en le mettant sans cesse en contact avec l'ennemi jusqu'à ce qu'il devînt assez solide
pour que l'on pût, avec quelques chances de succès,
tenter des opérations plus sérieuses. Le temps con-
sacré à cette instruction fut mis à profit par les
Prussiens, qui fortifièrent la ligne d'investissement et
lui donnèrent une solidité extrême.

La sortie du 10 novembre était bien dirigée sur le
point faible de la ligne allemande. Le triangle découpé
par la Marne et la Seine était, comme nous l'avons
dit, très favorable ; car on pouvait déboucher avec des
forces supérieures ; et les renforts de l'ennemi ne
pouvaient y arriver que par de grands détours en
défilant sur les ponts. Elle échoua néanmoins pour
divers motifs. L'ennemi fut prévenu de la sortie, des
corps d'armée arrivèrent trop tard ; on ne marcha pas
directement sur les ponts pour empêcher l'arrivée des
renforts ; enfin, l'ennemi avait tellement fortifié sa
ligne qu'il pût se défendre avec une densité de front
de 2 hommes 1/2 par mètre courant dans la première
journée, et de 6 hommes dans la troisième. Ce chiffre

est inférieur à celui de 7 1/2 que nous avions trouvé pour la défense. Mais il faut remarquer qu'il ne s'agit plus d'une défense en rase campagne, protégée par les ouvrages que l'on peut élever en une nuit; mais qu'au contraire, on était sur un terrain longuement préparé par un travail de deux mois et demi.

CHAPITRE XII.

Formation de l'armée du Sud. — Plan de campagne du général de Manteuffel.

Nous avons vu que le grand état-major avait constitué une armée du Sud composée des IIe et VIIe corps sous les ordres du général de Manteuffel. Le chef de cette armée s'était rendu le 10 janvier à Versailles, où il avait été mis au courant de la situation. Le IIe corps corps avait déjà reçu l'ordre de marcher dans la direction de l'est et avait commencé son mouvement les 7 et 8 janvier ; le VIIe corps, avisé de même, s'était mis en route, le 8, pour Châtillon-sur-Seine. Le jour où le général de Manteuffel en prenait le commandement, ces deux corps étaient dispersés sur une étendue de 35 kilomètres, depuis Nuits et Noyer jusques à Châtillon-sur-Seine. On savait que le général de Werder occupait la ligne de la Lisaine, et que l'armée française se déployait devant lui. Il eût été à souhaiter que l'on pût se porter à son secours ; mais la distance à franchir était trop grande pour avoir quelque raison d'espérer d'arriver à temps. Il y avait donc deux cas à examiner. Le général de Werder serait battu et refoulé dans la basse Alsace, ou il battrait son adversaire qui rétrograderait sur Besançon et Lyon. Dans le premier cas, rejoindre le général Werder dans la basse Alsace était une marche longue, pénible et dangereuse, au cours de laquelle l'adversaire victorieux pourrait intervenir brusquement. Il était préférable dans ce cas de marcher droit à l'est et d'attaquer vivement les arrière-gardes du général Bourbaki. Ces attaques ralentiraient sa marche, faciliteraient la retraite du général de Werder ; les communications avec l'Allemagne seraient conservées plus longtemps, et l'on se ménagerait les moyens d'intervenir avec de nouvelles forces. Dans le second cas, où l'armée française battue rétrograderait vers le sud, on pouvait ou bien se réunir au général de Werder au sud de Vesoul ou bien se jeter entre le général Bourbaki et Lyon. Dans les deux cas, il fallait marcher droit à l'est sans perdre une minute.

Marche du général de Manteuffel vers l'est.

Ces considérations déterminèrent le général de Manteuffel. Les deux corps d'armée furent dirigés entre Langres et Dijon, qu'ils devaient également éviter, la marche ne devant être retardée sous aucun prétexte. Les routes étaient extrêmement mauvaises, le verglas les avait rendues unies comme des glaces ; fantassins, cavaliers, artilleurs, n'avançaient qu'au prix des plus grands efforts. On n'arrivait à l'étape que fort tard dans la soirée et exténué de fatigue. Le 16, une véritable tempête amena le dégel et une couche d'eau et de boue s'étendit sur le verglas demeuré intact. Malgré tous ces obstacles, l'armée se concentrait à Gray le 19. Mais elle avait marché lentement avec une moyenne de 16 à 17 kilomètres par jour. Quel-

ques affaires avaient eu lieu avec des partis détachés.
Une colonne sortie de Langres avait capturé un convoi de vivres à Perrogney. Mais ces accidents ne pouvaient arrêter la marche des deux corps.

Le 18 au soir, le général de Manteuffel apprenait la
victoire du général de Werder et la retraite probable
de l'armée française. Il fallait donc choisir entre les
deux directions dont nous avons parlé. Se joindre au
général de Werder au sud de Vesoul était la manœuvre sûre et correcte. Elle mettait à couvert de tout
danger, mais ne pouvait donner d'autres résultats que
des combats d'arrière-garde, qui incommoderaient le
général Bourbaki, sans l'empêcher de se retirer pour
se refaire, soit à Besançon, soit à Lyon, et de repa-
raître sur le théâtre de la guerre. Au contraire, marcher au sud sur les lignes d'opération de l'armée française, lui barrer la vallée de la Saône, forçait le général Bourbaki à se rejeter dans le Jura, au milieu de
montagnes presque impraticables pendant l'hiver,
touchant à la frontière suisse, sans aucune issue pour
s'échapper. Néanmoins, cette marche si avantageuse
pour les Prussiens présentait quelques dangers. On
allait ainsi se jeter entre Besançon, Langres et Dijon,
points solidement armés, en présence d'une armée
qui avait une supériorité numérique considérable, de
qui l'on pouvait craindre tous les efforts du désespoir.
Les communications avec les autres armées allemandes
seraient impossibles dès qu'on aurait franchi la Saône.
On allait donc se trouver seul et inférieur en nombre
devant un ennemi dont on connaissait très bien la supériorité numérique. Sans doute on soupçonnait
sa faiblesse au point de vue de la discipline et de
l'instruction militaire; mais il était sage de ne pas
trop s'y fier. Malheureusement pour nous, cette fai-

blesse était infiniment plus grande que l'ennemi ne pouvait se l'imaginer.

Le général de Manteuffel marche sur les communications de l'armée de l'Est.

Le général de Manteuffel, ayant bien pesé toutes ces considérations, achevait, le 19, la concentration de son armée, et, le 20, il exécutait une conversion à droite, pour aller se jeter sur les communications du général Bourbaki. On entrait à Gray le 20 ; le VIIe corps passait la Saône au nord de cette ville et s'avançait dans la direction de Besançon à Sauvigney-les-Angirey et à Citey. Le lendemain 21, le IIe corps entrait à Dôle, et s'en rendait maître après un court combat contre un millier de fantassins, combat auquel les habitants de la ville prenaient part. Il s'emparait de 230 wagons pleins de vivres et d'approvisionnements de toutes sortes. Le VIIe corps avait de même un engagement sur l'Ognon.

Opérations contre Dijon défendu par l'armée de Garibaldi.

Le même jour, le général de Manteuffel, voulant garder son flanc droit, faisait faire par le général de Kettler une tentative sur Dijon. Le général de Kettler disposait pour cette opération de 4 bataillons 1/2, deux escadrons et deux batteries. Il les divisait en trois colonnes. La première, composée de deux bataillons d'infanterie et de trois pelotons de cavalerie, suivait la route de Turcey à Dijon, dans la vallée de l'Ouche, qui arrive à l'ouest de la ville. La seconde, composée de deux bataillons et deux batteries, et un peloton de cavalerie, venait du nord-ouest par la route de Saint-Seine ; enfin, un bataillon et un escadron venaient du nord par la route d'Iss-sur-Thil.

Le général Garibaldi occupait la ville avec son corps d'armée, ramassis de toutes sortes de troupes, portant les noms les plus bizarres, les uniformes les plus variés. Des soldats appartenant à toutes les nationalités, des pharmaciens improvisés chefs d'état-major, des généraux venus on ne sait d'où ; la discipline aussi inconnue des soldats que l'art de commander l'était des officiers : tel était le triste spectacle étalé dans Dijon. Ce corps de 20,000 hommes, placé sur le flanc droit du général Manteuffel, aurait pu inquiéter et retarder sa marche. Il lui était facile d'opposer des obstacles au passage de la Saône. Vainement le colonel Bombonnel, qui commandait à Langres, et qui avait bien compris la nécessité de retarder les Prussiens, demandait-il des renforts : Garibaldi ne bougeait pas. Le colonel Bombonnel, réunissant alors tout ce qu'il pouvait de troupes, se jetait dans Dôle, et livrait le combat dont nous avons parlé plus haut. Cependant Garibaldi n'était pas resté complètement inactif. Le 19 janvier, alors que les Prussiens, ayant dépassé Dijon, franchissaient déjà la Saône, il fit sortir ses troupes en trois colonnes et les conduisit jusqu'à 7 kilomètres vers le nord. Arrivé là, il arrêta ses troupes, observa d'une hauteur près de Messigny les reconnaissances prussiennes, et rentra dans Dijon au chant de la *Marseillaise*. Si ce mouvement eût été poussé un peu plus loin jusqu'à Iss-sur-Thil, il aurait amené les troupes sur les derrières de la 4e division ; et il n'est pas douteux qu'il n'eût ralenti la marche du IIe corps. Celui-ci était déjà en retard d'une étape sur le VIIᵉ corps, et un nouveau retard s'ajoutant au premier eût pu entraver le succès de la marche du général Manteuffel. C'est ainsi que le passage des montagnes et les ponts de la Saône furent abandonnés sans défense.

Mais Dijon même était sérieusement fortifié. Cette ville est placée au confluent de l'Ouche venant de l'ouest et du Suzon venant du nord. Ces deux cours d'eau sont séparés avant leur confluent par de petites hauteurs sur lesquelles sont situés les deux villages de Talant et de Fontaine-Française entre lesquels se trouve la ferme de la Fillotte. Ces deux villages et la ferme avaient été reliés par des ouvrages de campagne. Des pièces de 12 y avaient été placées. A l'est de la ville, Saint-Martin et une grande fabrique étaient reliés avec les maisons situées de ce côté. Sur la route de Gray, le village de Saint-Apollinaire était aussi fortifié. L'ensemble de tous ces travaux rendait la position susceptible d'une vigoureuse défense.

Combats de Talant et de Fontaine-Française.

Le **21** janvier, les trois colonnes prussiennes s'avançaient sur la ville : une colonne par la vallée de l'Ouche, une autre par la vallée du Suzon; la troisième reliant les deux autres, suivait les hauteurs qui séparent les deux cours d'eau et, suivant la route de Saint-Seine, venait se heurter aux deux villages de Talant et de Fontaine-Française. L'affaire commençait sur ce dernier point. L'ennemi apparaissait à peine sur la route de Saint-Seine qu'il était accueilli par une vive fusillade partie de Talant, de Fontaine-Française, et aussi de Daix, petit village situé en avant

des deux autres et occupé par un avant-poste. Il était
1 heure et demie. Un bataillon du 61e se déploie alors
des deux côtés de la route pendant qu'une batterie
dirige son feu sur Daix. Celui-est est enlevé au bout
d'un engagement assez court et les défenseurs se
replient sur Talant et Fontaine où ils sont recueillis
par des masses nombreuses d'infanterie. Vers quatre
heures de l'après-midi, les Français tentent de rentrer
en possession de Daix, mais ils sont repoussés par
l'énergique résistance du 61e.

Pendant ce temps, le feu s'était engagé dans la
vallée de l'Ouche. Le village de Plombières, bien que
vaillamment défendu, finissait par tomber vers cinq
heures du soir entre les mains de l'ennemi. Celui-ci
réunissait alors toutes ses forces pour attaquer Talan
et Fontaine; mais il était impuissant à enlever les
retranchements; et bien qu'il fut parvenu jusqu'à leur
pied, il finissait par abandonner le combat, et à six
heures le feu s'éteignait des deux côtés.

Dans la vallée du Suzon les Prussiens étaient encore
moins heureux. Au bruit du combat des autres
colonnes, le major de Conta essayait de s'emparer de
Messigny; mais le village était fortement occupé; les
défenseurs ne le cédaient que maison par maison et
pied à pied. Néanmoins vers quatre heures et demie
ils étaient contraints de rétrograder sur Ventoux,
mais en se retirant ils détruisaient le pont du Suzon.
Le major de Conta jugeait sage, vu les pertes faites,
de rétrograder au nord sur Savigny-le-Sec.

L'ennemi n'avait plus de munitions, le 61e régiment
avait perdu 243 hommes; la colonne venant d'Iss-
sur-Thil était repoussée. C'était le cas pour le général
Garibaldi de profiter de sa supériorité numérique
pour écraser les deux régiments qui étaient venus

l'attaquer, Mais il n'en faisait rien ; et la journée du 22 s'écoulait dans le repos. Mais pendant ce temps l'ennemi renouvelait ses munitions et tentait le lendemain 23 une nouvelle attaque.

Combat de Pouilly.

Dans la matinée de ce jour, le général de Kettler reportait toutes ses troupes dans la plaine à cheval sur la route d'Iss-sur-Thil. Pour cela les deux colonnes de droite avaient à faire un mouvement de flanc qu'elles exécutèrent à portée des lignes françaises sans qu'il y fût apporté le moindre obstacle. Des renseignements pris sur des prisonnniers et des paysans firent croire au général que l'armée de Garibaldi se dérobait dans la direction du sud-est. Pénétré de l'importance qu'il y avait à la retenir devant lui, le général ordonnait une nouvelle attaque. Vers 5 heures 1/2, un bataillon du 21e recevait l'ordre de marcher sur le village de Pouilly. Pendant que cette attaque se faisait, les troupes françaises postées à Saint-Apollinaire faisaient sur le flanc gauche des Prussiens une démonstration menaçante qui les forçait à déployer de ce côté, près de la ferme d'Épirey, six compagnies et un escadron. Mais au bout de quelques temps les Français rentraient à Saint-Apollinaire sans avoir rien entrepris. Les Prussiens reprenaient alors avec deux bataillons l'attaque de Pouilly. Le village était défendu avec un acharnement extraordinaire. Les défenseurs du château, réfugiés à l'étage supérieur, ne se rendirent que lorsque le feu eut été mis au bâtiment.

Pouilly enlevé, l'ennemi passe à l'attaque de Saint-

Martin. Entre les deux villages s'élève une fabrique
de construction massive qui était fortement occupée.
Le 21ᵉ qui débouche de Pouilly est assailli par des
feux violents ; il poursuit néanmoins sa marche, et
arrive bravement jusques à 500 mètres des retranchements. Mais accablé alors par des feux croisés de
mousqueterie partant des retranchements et ceux de
deux batteries placées à l'est de la route de Langres,
il est contraint de rétrograder. Le général de Kettler
appelle alors deux bataillons du 61ᵉ. Ceux-ci marchent sur le terrain qui s'étend entre la Fillotte et la
fabrique. Ils pénètrent ainsi dans un cercle de feu qui
fait de nombreuses victimes. Nombre d'officiers sont
atteints ; le 2ᵉ bataillon est commandé par un
lieutenant en 1ᵉʳ. La 7ᵉ compagnie n'a plus que
70 hommes. Les Prussiens se lancent impétueusement
sur la fabrique dont ils ne peuvent apercevoir le pied
de la position qu'ils occupent. Un feu meurtrier les
décime. Le porte-drapeau est tué ; le drapeau, roulé
dans la poussière est relevé par le lieutenant Schulze,
puis par plusieurs hommes qui sont tués à leur tour
et dont on n'a pu retrouver les noms, car tous ceux
qui étaient autour du drapeau y sont restés glorieusement. Quelques hommes arrivent au pied de la fabrique et reconnaissent qu'il n'y a pas d'entrée de ce
côté. Presque tous tombent sous les balles. Enfin la
nuit arrive ; l'obscurité qu'elle amène s'ajoute à celle
produite par la fumée du combat. On s'aperçoit alors
de l'absence du drapeau. Quelques hommes vont à sa
recherche. Tous payent cette tentative de leur vie, à
l'exception d'un seul qui revient blessé.

A la nuit, le général de Kettler retirait ses troupes
et allait se cantonner au nord sur la ligne Ventoux-
Asnières. Les blessés étaient ramenés à Iss-sur-Thil.

Le lendemain, les hommes de la brigade Ricciotti Garibaldi retrouvaient le drapeau du 61° inondé de sang et criblé de balles sous un monceau de cadavres. C'est le seul que nous ayons enlevé à l'ennemi.

Cette journée avait coûté cher à l'ennemi. Le 61° avait perdu encore 200 hommes. Ces deux journées avaient coûté à la brigade Kettler 35 officiers et 684 hommes dont 1/4 de morts. C'était près du sixième de son effectif. Ces combats livrés audacieusement par un si faible détachement eurent pour résultat d'immobiliser Garibaldi et de délivrer le général Manteuffel de toute inquiétude pour ses flancs.

Le général de Manteuffel continue sa marche au sud de Besançon.

Pendant ces combats autour de Dijon, le général de Manteuffel poursuivait sa marche en avant. Dans les journées du 21 et du 22 il franchissait le Doubs, et se trouvait déjà porté sur les lignes de retraite du général Bourbaki ; le 23, le VII° corps atteignait après un léger combat Quingey sur la route de Besançon à Lons-le-Saulnier ; le II° corps arrivait à Mont-sous-Vaudrey d'où il reconnaissait les routes de Salins, Arbois et Poligny. Dans ces marches le froid avait été très vif et les troupes avaient beaucoup souffert. Mais on n'avait trouvé de résistance sérieuse nulle part. Les ponts sur l'Ognon et le Doubs étaient intacts. De nombreux barrages pratiqués dans les forêts et les défilés étaient inoccupés et n'occasionnaient que des retards insignifiants à la marche de l'ennemi.

Du côté du nord, l'armée française n'était pas moins pressée. Le général de Werder avait passé la journée du 19 à reconstituer ses corps, la poursuite étant confiée à des avant-gardes ; il avait en même temps renvoyé devant Belfort les troupes tirées du corps de siège. Le 21, il arrivait à Villersexel. La journée du 22 était consacrée à un repos devenu nécessaire. Le froid très vif, les chemins difficiles, une alimentation insuffisante, l'obligation de marcher en ordre de combat, de fouiller les bois et les villages, les nuits passées en des cantonnements si resserrés qu'ils différaient peu du bivouac, avaient causé une fatigue extrême. Le 23, il se remettait en marche et atteignait Beaume-les-Dames et l'Isle-sur-Doubs. Quelques arrière-gardes se montraient bien occupant les positions les plus favorables ; mais partout elles cédaient le terrain dès la première attaque.

Désorganisation de l'armée française. — Conseil de guerre à Besançon.

Pendant ce temps l'armée française battait lentement en retraite, en proie aux souffrances, aux privations et à une démoralisation qui les rendait plus amères. Le général Bourbaki assistait désespéré à ce spectacle lamentable. Il se proposait de se retirer sur Besançon avec son armée bien concentrée ; les ordres étaient donnés dans ce but. Mais malgré tous les efforts on ne put arriver à réunir à Besançon les vivres nécessaires. Les routes se fermaient autour de lui. Les ordres les plus pressants, les plus réitérés, n'étaient pas obéis. Les positions les plus fortes étaient abandonnées à la vue de l'ennemi. Le 23, il ordonnait de s'emparer de Quingey sur la route de Salins ; les Prussiens y arrivaient le même jour et nos troupes fuyaient devant eux dans un désordre épouvantable. Le 24, le général assembla un conseil de guerre. Le général Martineau fit connaître que sur ses 30,000 hommes 15,000 étaient encore sous les armes, mais qu'ils s'enfuieraient à la première rencontre ; le général Billot, que sur ses 25,000 on n'en devait compter que 16,000 ; le général Clinchamt 10 sur 22,000. Le corps du général Bressolle était débandé. Seule la réserve de l'armée sous les ordres du général Pallu de la Barrière pouvait faire quelque chose. On agita la question de percer sur Auxonne, proposée par le général Billot. A la suite de ces discussions, on donnait l'ordre de battre en retraite sur Pontarlier.

La marche commençait donc. Bourbaki essayait vainement, pour se donner plus d'espace, de faire occuper Salins au sud de Besançon et de reprendre Baume-les-Dames au nord ; ces deux opérations échouaient misérablement. Salins était déjà occupé par l'ennemi, et devant Baume-les-Dames nos troupes cédaient au premier choc. Le 24e corps se repliait alors sur l'armée. Le général Bourbaki lui réitérait l'ordre de marcher sur Baume-les-Dames en le faisant appuyer du 18e corps. Celui-ci se mettait en route ; mais le sol couvert de verglas rendait la marche si difficile, que la journée tout entière était employée à passer d'une rive à l'autre du Doubs. Le 24e corps attendait vainement pour attaquer l'arrivée du 18e ; enfin, ne le voyant pas apparaître, il se repliait sur la route de Pontarlier, évitant un combat qui devait, de l'avis de tous, aboutir à la débandade la plus complète.

Le général Bourbaki est destitué et remplacé
par le général Clinchant.

Sur ces entrefaites, arrivait une dépêche de Bordeaux désapprouvant la retraite sur Pontarlier et renouvelant les propositions les plus inexécutables, déjà maintes fois repoussées par le général en chef. Il ne s'agissait pas moins que de passer par Dôle, se diriger sur Dijon, y laisser le 24ᵉ corps pour coopérer avec Garibaldi, et venir agir sur Nevers, Joigny, Tonnerre et Auxerre. Ainsi, tandis que l'armée se transformait en une bande de malheureux sans forces, sans organisation, rappelant la retraite de 1812, le commandement de son côté était complètement dévoyé. Ce télégramme malencontreux était suivi d'un deuxième qui destituait le général Bourbaki et le remplaçait par le général Clinchant.

Pendant ce temps l'ennemi avait poussé au sud de Besançon et occupé Salins. Une reconnaissance envoyée vers cette place par le VIIᵉ corps rencontrait à Vosges les troupes du 15ᵉ corps, et était repoussée après un combat assez vif avec des pertes sérieuses. Un autre combat avait lieu à Salins, qui, protégé par les forts, eût pu opposer une résistance sérieuse.

A la suite de ces mouvements la campagne à l'ouest de Besançon se trouvait dégarnie et offrait à l'armée française la possibilité de percer sur Auxonne. Pour parer à cet inconvénient, le général de Manteuffel ordonnait au XIVᵉ corps de se porter vers la route de Besançon à Gray et d'effectuer sa jonction avec le VIIᵉ corps placé à Quingey, au sud de Besançon. Ce mouvement s'exécutait dans les journées du 25 et du

26, et permettait dès lors de porter au delà du Doubs les IIe et VIIe corps tout entiers. Mais ce mouvement dégarnissait nécessairement les routes du nord.

Le général Clinchant avait pris le commandement dans des circonstances tellement mauvaises qu'il était impossible d'espérer une solution heureuse aux difficultés dont il était entouré. Il se borna à continuer sa route sur Pontarlier. Pontarlier est au sud-est de Besançon, tout près de la frontière suisse. Une route en partait longeant la frontière suisse en passant par les montagnes. C'était la seule ressource qui nous restât. Elle ne tardait pas à nous être enlevée par les troupes du IIe corps. Bien qu'elle ne fût pas très fortement occupée, il n'y avait plus rien à faire, car la plus grande partie de l'armée refusait de marcher à l'ennemi. Les souffrances, les privations, les revers, lui avaient enlevé toute énergie. Deux combats avaient lieu à Chassois et Sombacourt avec les troupes du VIIe corps. Les positions étaient abandonnées aussitôt qu'attaquées.

L'armée française passe la frontière suisse.

Le même jour, 29 janvier, au soir, le général Clinchant était informé par deux dépêches télégraphiques venues, l'une de Bordeaux, l'autre de Versailles, qu'un armistice avait été conclu. Par malheur, aucun des deux ne mentionnait l'exception faite pour la région de l'est. Il expédiait immédiatement l'ordre de cesser le feu et de notifier l'armistice à l'ennemi. En même temps il écrivait directement au général de Manteuffel. Les Allemands n'en avaient encore aucune nouvelle. Le général de Manteuffel refusait donc

l'armistice, mais se déclarait prêt à traiter sur les
bases de la situation actuelle des deux armées. En
même temps il ordonnait à toutes ses troupes de
serrer sur Pontarlier où il s'attendait à une résistance
désespérée. Le lendemain, 31 janvier, la situation
était éclaircie et les hostilités reprenaient leur cours.
Un combat avait lieu à Vaux, sur la route de Saint-
Laurent, au sud de Pontarlier. Nous y perdions un
millier de prisonniers.

Le général Clinchant, revenu de son erreur, fit des
préparatifs autour de Pontarlier pour une résistance
sérieuse. Les impedimenta furent envoyés en arrière,
sous la protection du fort de Joux. Dans l'après-midi,
le général ayant été informé que les départements de
l'est étaient exclus de l'armistice, assembla un conseil
de guerre à la suite duquel on résolut de traiter avec
la Suisse pour le passage de l'armée française sur son
territoire. Le lendemain, 1er février, le général Clinchant signait avec le général Herzog, commandant
l'armée de la Confédération, une convention par
laquelle l'armée française était autorisée à passer sur
le territoire suisse en rendant ses armes et ses munitions.

Le passage commençait immédiatement. Le général
Pallu de la Barrière voulait défendre la première
chaîne du Jura ; mais il fut abandonné par ses troupes
et ne put les arrêter qu'au défilé de la Cluse, où le
18e corps s'était déployé. L'ennemi occupa Pontarlier
sans combat et marcha ensuite sur le défilé. La
position était facile à défendre, grâce à sa force naturelle et à l'appui du fort de Joux. Malheureusement
on avait négligé d'occuper les hauteurs dominantes.
L'ennemi s'en empara, et, malgré la résistance fort
vive qui lui fut opposée, parvint à nous enlever

III.   12

1600 hommes et 400 voitures de vivres. Il avait perdu lui-même 380 hommes.

Sous la protection de ce combat, l'armée franchissait la frontière suisse avec un effectif de 80,000 hommes. Quelques troupes parvenaient à s'échapper par le sud, à savoir : la division de cavalerie du 15ᵉ corps, la 1ʳᵉ division du 15ᵉ corps, réduite à quelques centaines d'hommes, et un certain nombre d'officiers supérieurs. Dans la journée du 2 février, l'armée allemande touchait à la frontière suisse sans rencontrer aucun obstacle.

Cette journée marquait le terme de nos désastres.

Les opérations par lesquelles le général de Manteuffel avait amené ce résultat avaient été bien conduites. Elles étaient fondées sur une juste appréciation de l'état misérable où étaient nos troupes. Mais elles n'eussent pas été possibles contre une armée moins épuisée et moins démoralisée. Il serait dangereux de les imiter dans des circonstances différentes. L'armée française avait une supériorité numérique considérable, même sur les trois corps allemands réunis. Par suite, toute opération qui n'était pas faite avec ces trois corps concentrés devait conduire à des échecs certains. Mais les Allemands avaient pour eux notre démoralisation, poussée à une extrémité qui ne s'est guère vue qu'à la retraite de 1812.

CHAPITRE XIII.

**Les Prussiens ouvrent une nouvelle attaque contre le fort
des Perches.**

Après les batailles sur la Lisaine, le corps de siège
fut renforcé, et son effectif porté à 17,600 hommes
d'infanterie, 700 chevaux et 34 pièces de campagne,
auxquels il faut ajouter 11 à 1200 hommes du génie et
4,700 d'artillerie de place, ce qui fait un total de 24 à
25,000 hommes. L'investissement était assuré au nord
par deux bataillons, à l'ouest par quatre, et au sud et
à l'est par neuf. Pour les travaux d'attaque, neuf
bataillons étaient mis à la disposition du génie. Deux
détachements étaient en observation au loin au sud et
à l'ouest. Le rapport entre l'effectif de la défense et
celui de l'attaque était celui de deux à trois.

Le général de Tresckow, encouragé par le succès
obtenu à Danjoutin, avait résolu d'abandonner le
travail contre Bellevue et de commencer une nouvelle
attaque contre le fort des Perches. C'était une grande
faute de sa part, car la prise du fort de Bellevue
entraînait forcément celle de la ville. Le château et
les Perches tombaient d'eux-mêmes par les progrès
de cette attaque. L'enlèvement des Perches laissait au
contraire la ville intacte. Bien plus, en partant de ce

point, il fallait descendre vers la ville par des tranchées vues jusques au fond par les remparts, puis remonter ensuite des pentes raides. Tout ce travail devait être fait sur le roc avec des terres apportées de loin. Ce changement d'attaque était donc fort heureux pour les défenseurs de Belfort.

Le village de Pérouse est enlevé.

Avant d'ouvrir la parallèle, le général de Tresckow résolut de s'emparer du village de Pérouse, qui flanquait la gauche des Perches comme Danjoutin en flanquait la droite. A l'est de Pérouse se trouvent les villages de Bessoncourt et de Chèvremont, occupés alors par l'ennemi. L'une des attaques partie de Chèvremont devait passer au sud du village par le Haut-Taillis et le bois des Perches, tandis que l'attaque partie de Bessoncourt filerait au nord par les bois des Fourches et de Morveaux. Pendant toute la journée du 20, un feu très vif fut dirigé sur ce point par trois batteries placées au sud. Le colonel Denfert devina très bien que Pérouse allait être attaqué; il le fit immédiatement occuper par ses meilleures troupes, en visita les retranchements et organisa les carrières situées au nord du village, de façon à en faire une défense redoutable.

Dans la nuit du 20 au 25 janvier, à minuit, deux bataillons prussiens partent de Chèvremont, se dirigent sur le bois du Haut-Taillis, et refoulant les avant-postes surpris, s'emparent du bois sans tirer un coup de fusil. Immédiatement les pionniers organisent le bois défensivement, pendant que les deux bataillons attendent les effets de l'attaque sur l'autre

place du village. Dès que la place s'aperçoit que le
Haut-Taillis est au pouvoir des Prussiens, elle y dirige
un feu violent d'artillerie parti des Hautes-Perches,
de la Miotte et de la Justice.

Une heure après, deux bataillons de landwehr,
sortis de Bessoncourt, se dirigent, le premier sur le
bois des Perches, l'autre sur celui des Morveaux. Ils
sont reçus par une fusillade nourrie ; néanmoins ils
parviennent à gagner la lisière du bois ; mais ils sont
arrêtés à l'intérieur par un système compliqué de
fossés, d'abatis, de réseaux de fils de fer, et ne ga-
gnent du terrain qu'au prix de pertes considérables.
Après de longs efforts, ils parviennent enfin à la
lisière sud, qui regarde le village. Là, ils sont en
butte au feu parti des carrières ; par deux fois ils se
lancent à l'attaque et par deux fois ils sont repoussés
en laissant nombre de morts sur le terrain.

Mais de l'autre côté du village, au bruit de la fusillade, les deux bataillons postés dans le Haut-Taillis
se portent en avant, et parviennent à pénétrer dans
Pérouse. La défense continue opiniâtre dans les maisons ; mais les Prussiens se renforcent d'une nouvelle
compagnie, et les défenseurs se retirent vers l'autre
partie du village. Il était deux heures et demie. De la
position qu'il avait conquise, l'assiégeant menaçait les
défenseurs des retranchements sur leurs flancs et leurs
derrières. Le colonel Denfert ordonne alors d'évacuer
le village. De leur côté les Prussiens évacuent les Perches et le bois de Morveaux, et rentrent dans Bessoncourt. Le lendemain 21, l'assiégeant s'installe dans
Pérouse et reprend possession des bois conquis et
évacués pendant la nuit.

Ouverture de la première parallèle.

Le jour suivant on entretenait un feu soutenu avec les forts, et dans la nuit on ouvrait la première parallèle à 800 mètres des ouvrages sur une longueur de 1750 mètres. Ce travail se faisait sur un terrain en partie rocheux et gelé jusqu'à 33 centimètres de profondeur. Cinq bataillons et deux compagnies de sapeurs y furent employées. Le travail était extrêmement difficile et ne put être terminé complètement, bien qu'il ne fût pas gêné par la défense. Cette inaction, attribuée à la lassitude, permit au général de Tresckow de détacher trois bataillons et 16 pièces sur Pont-de-Roide pour surveiller les routes par lesquelles le général Bourbaki pouvait s'élever vers le nord.

Les jours suivants étaient consacrés à achever la parallèle et à reconnaître les ouvrages. Les deux forts étaient des sortes de redoutes de 170 mètres de front; les fossés, larges de 4 à 6 mètres et profonds de 3, étaient taillés dans le roc. Les parapets, hauts de 3 mètres 1/2 sur une épaisseur moyenne de 5 mètres, étaient formés de cailloux recouverts de terre. Chacun de ces ouvrages était armé de 7 canons de 12. Leur gorge était fermée par deux blockhaus longs de 40 mètres et à l'abri de la bombe. Somme toute, les profils n'étaient pas très forts. Les pentes étaient battues par les feux croisés des deux forts. A l'est des Hautes-Perches on avait abattu la forêt sur 600 mètres de long. Les troncs d'arbres avaient été taillés en pointes et reliés par des fils de fer, ce qui constituait un obstacle redoutable.

Assaut infructueux livré aux Perches.

Le 26, au soir, la première parallèle était assez
avancée pour qu'on pût y loger des troupes nombreuses, et le général de Tresckow ordonnait une
attaque de vive force.

Du côté des Basses-Perches, deux compagnies
devaient tourner l'ouvrage à l'ouest et deux autres
l'attaquer de front. Celles de droite, qui attaquaient
de front, gravissent les pentes sous un feu terrible ;
arrivées à 100 mètres du fossé, elles sont contraintes
de s'arrêter et se couchent par terre, entretenant le
feu de cette position. Seuls, un peloton de tirailleurs
et quelques sapeurs atteignent le fossé et sautent
dedans. La fusillade est tellement vive et la pente
sillonnée de tant de projectiles, que l'ennemi n'ose
leur envoyer des renforts. Les compagnies de gauche
étaient parvenues à tourner la position ; elles enlèvent
les tranchées attenantes au fort, et quelques hommes
parvenus sur la face postérieure de l'ouvrage sautent
dans le fossé.

Les deux compagnies couchées devant le fort
essayent une nouvelle attaque ; mais elles ne peuvent
parvenir au bord du fossé. D'autre part, les défenseurs
chassés des tranchées rallient un bataillon tenu en
réserve. Celui-ci se porte en avant et surprend par
son attaque impétueuse l'ennemi, dont toute une
compagnie est contrainte de poser les armes.

Du côté des Hautes-Perches l'ennemi n'était pas
plus heureux. De front comme sur les flancs de
l'ouvrage, il est arrêté par les défenses accessoires
sous le feu de la place, qui fait de nombreuses vic-

times. L'ennemi enfin se retire dans ses tranchées, après avoir perdu 10 officiers et 427 hommes.

Les jours suivants on débouchait de la première parallèle, sans que la défense, forcée de ménager ses munitions, inquiétât sérieusement les travaux. Le terrain était tellement difficile que les huit bataillons restés disponibles ne suffisaient plus au travail. Néanmoins on construisait des batteries de mortiers sur les ailes de la parallèle, et d'autres batteries au bois des Perches. Mais ce dernier travail était tellement gêné par le feu de la Justice, qu'il avançait très lentement, et qu'on fut contraint, pour répondre à ce feu, d'établir deux batteries au sud du bois de Morveaux, dans la tranchée de la route de Pérouse à Bessoncourt.

Dans la nuit du 31 janvier au 1er février on parvenait à tracer la deuxième parallèle. On avançait en moyenne de 40 mètres par jour. A partir de ce point on fut obligé d'employer la sape roulante. Les terres destinées à remplir les gabions étaient apportées de fort loin. Le clair de lune favorisait l'assiégé. Le 3 février un dégel survint. L'eau ruisselait dans les tranchées, sans qu'aucun travail pût l'absorber ; les parapets de la parallèle s'écroulaient d'eux-mêmes ; les tranchées de communication devenaient impraticables, et la circulation se faisait à découvert. La santé des troupes était fortement atteinte, et plus d'une fois les bataillons de tranchée prirent le service avec 300 hommes seulement.

Évacuation des Perches.

A partir du 4 février le fort de Bellevue put canon-

ner la gauche des tranchées. Diverses branches mal
dirigées le furent soit par les Perches, soit par la
Justice. Les progrès étaient donc extrêmement lents.
La défense employait pour tirer sur les têtes de sape
des pièces mobiles qu'elle retirait pour les faire apparaître ailleurs dès que le tir de l'assiégeant était réglé.
Néanmoins le travail continuait sous la protection des
feux de l'artillerie, qui lançait environ 1500 obus par
jour sur la place. Celle-ci répondait avec mesure,
économisant sagement ses munitions pour les derniers
jours du siège. La construction de nouvelles batteries
contre le fort des Perches, celui de Bellevue et celui
des Barres, donna bientôt la supériorité des feux à
l'assaillant ; le fort des Perches fut contraint de cesser
le sien. Le colonel Denfert, considérant alors la faiblesse du profil de cet ouvrage, et jugeant qu'après
avoir forcé l'ennemi à quinze jours de travaux pénibles on ne pouvait pas lui demander d'autre service,
en ordonna l'évacuation. Les munitions et les pièces
que l'on put transporter furent retirées dans la journée
du 6. La configuration du terrain empêchait l'assiégeant de voir ce mouvement, et le bruit qui se faisait
en arrière des forts lui fit croire au contraire qu'on
en renforçait la garnison. Les deux forts ne furent
plus occupés que par une compagnie, chargée de
surveiller l'ennemi et d'évacuer l'ouvrage sans résistance à son arrivée. Par suite des progrès de l'assiégeant, le service des approvisionnements en vivres et
en munitions était devenu extrêmement difficile ;
il fallait aller chercher l'eau à l'étang de Vernier sous
le feu de l'ennemi, et dans l'intérieur la circulation et
la cuisson des aliments était devenue impossible.

Le 8 février, l'ennemi, encouragé par le silence ab-
solu qui régnait dans le fort, fit jeter quelques gabions

dans le fossé, y descendit ensuite, escalada l'escarpe au moyen d'entailles pratiquées dans le sol, et pénétra dans le fort. Il établit immédiatement des retranchements dirigés contre la place, et bien que celle-ci ouvrît aussitôt son feu sur le fort, on parvint néanmoins à creuser les tranchées.

Les jours suivants, l'ennemi ouvrit son feu contre le château de la Justice et la Miotte. Les deux forts des Perches furent reliés par une tranchée formant une troisième parallèle ; 55 pièces continuèrent à tirer sur la ville à raison de 13 à 1400 projectiles par jour. Le froid, l'humidité, la boue, ralentissaient les travaux ; la gelée reprit le 12 février, cependant dans la nuit suivante on put armer neuf batteries de quatre pièces.

Capitulation de Belfort.

Le jour suivant, le général de Tresckow reçut de Versailles un télégramme qui l'autorisait à accorder la libre sortie à la garnison. Il était alors prêt à ouvrir le feu le lendemain avec 97 pièces. Le colonel Denfert reçut sommation de se rendre. Le même jour, le général Tresckow reçut un télégramme qu'il devait communiquer au colonel Denfert, et ainsi conçu :

« Le commandant de Belfort est autorisé, vu les circonstances, à consentir à la reddition de la place. La garnison sortira avec les honneurs de la guerre, et emportera les archives de la place. Elle ralliera le poste français le plus voisin.

Pour le Ministre des affaires étrangères,
Ernest PICARD. »

Il fallait être singulièrement étranger à l'art de la guerre pour faire passer une semblable dépêche par l'ennemi. Sans parler du danger de la voir tronquer, altérer ou supprimer, il était souverainement imprudent de mettre l'ennemi dans le secret des conseils de la défense; de plus, cette dépêche n'était pas signée par le ministre de la guerre. Aussi le colonel Denfert refusa d'y croire, et exigea avant tout une dépêche officielle à lui adressée par son gouvernement, et ne lui venant pas par l'intermédiaire de l'ennemi. A cet effet, il envoya un de ses officiers à Bâle pour chercher la confirmation de la dépêche, et consentit provisoirement à une suspension d'armes dont sa valeureuse garnison avait le plus urgent besoin. Le canon de Belfort était depuis le 2 février le seul qui se fît entendre en France. Il se tut le 12, et pour la première fois de cette guerre désastreuse nous n'étions pas vaincus.

Le colonel Denfert, ayant reçu des instructions régulières, signa le 16 une convention en vertu de laquelle la garnison de Belfort abandonnait la place; elle se retirait avec les honneurs de la guerre, emportant ses drapeaux, ses armes, son artillerie mobile, ses munitions et ses vivres. Elle devait se diriger sur le département de Saône-et-Loire. La convention exprimait que la place n'était rendue que sur l'autorisation spéciale accordée au colonel Denfert par le gouvernement français, en vue des circonstances présentes.

Le 17 et 18 février, la garnison quittait la place. Le colonel Denfert partait avec le dernier échelon. Les Prussiens en prenaient possession à dix heures du matin, et le général de Tresckow faisait son entrée à trois heures de l'après-midi. L'ennemi trouvait dans la place 341 bouches à feu, dont 56 démontées; 356 affûts, dont 119 brisés, et 2,200 fusils, ainsi qu'une grande quantité de munitions et de vivres. La ville était dévastée ; trente-quatre maisons avaient été brûlées, presque toutes étaient endommagées par les obus. Le château avait beaucoup souffert ; on n'arrivait à l'étage supérieur qu'au moyen d'échelles ; les embrasures du cavalier étaient obstruées ; un magasin à poudre avait sauté. Il en était de même au fort de la Justice.

La garnison, forte au début du siège de 372 officiers et de 17,322 hommes, avait perdu 32 officiers et 4,713 hommes. Le corps de siège avait perdu 88 officiers et 2,049 hommes. Mais dans ce dernier chiffre ne sont pas compris les malades, qui ont été nombreux.

Réflexions sur la défense des places. — Étendue du terrain à occuper et du périmètre à défendre. — Densité du front sur l'étendue du périmètre.

Le siège de Belfort est une excellente étude à faire, au point de vue de la défense des places fortes. Les principes de cet art ont été enseignés par Vauban et Cormontaigne et appliqués par eux aux moyens d'attaque et de défense dont ils étaient en possession. La puissance de nos engins a réduit considérablement la valeur de leur fortification, de même que l'invention de l'artillerie avait détruit la valeur des fortifications du moyen âge. Mais les principes sont restés les mêmes. Le colonel Denfert n'a fait que les appliquer avec intelligence et énergie aux armes modernes, donnant ainsi la preuve de leur excellence, et montrant qu'ils donnent les moyens les plus efficaces de se défendre contre ces armes, qui, aux yeux des gens superficiels, paraissent anéantir leur valeur. D'autres étaient sortis avant lui de la routine du siège enseigné dans les écoles. Masséna à Gênes, Rapp à Dantzick, Gouvion-Saint-Cyr à Dresde, ayant à leur service de fortes garnisons, lui avaient tracé la voie et avaient défendu les abords de la place avant de permettre à l'ennemi de s'établir sur le terrain des attaques. Il a suivi glorieusement leurs traces. Mais, plus modeste que d'autres, il ne faisait point dans ses adieux à Belfort d'allusion à ces glorieuses défenses, et ne se mettait point sous la protection de ces grands noms, qu'il eût certes pu invoquer à plus juste titre que le maréchal Bazaine ne pouvait le faire pour justifier la honteuse capitulation de Metz.

La fortification de Vauban était fondée sur ce principe, que l'artillerie d'un ouvrage ne pouvait battre le terrain qu'à une distance de 600 mètres; que ce terrain devait être uni et découvert pour ne présenter aucun obstacle au tir dont la trajectoire était très tendue; enfin, sur ce que l'ennemi ne pouvait contrebattre avec succès l'artillerie de la place qu'en établissant ses batteries à 400 mètres au plus. Enfin on avait de son temps des fusils dont la justesse était nulle à 200 mètres. Ces faits justifient toutes ses prescriptions. L'infanterie ne pouvait se porter en avant des remparts, sous la protection de l'artillerie de la place, puisque la trajectoire était tellement tendue que le tir en était empêché. De plus, à cause de la faible portée des armes, lorsque la fusillade s'engageait entre deux partis, ils se trouvaient tellement rapprochés, que l'artillerie des remparts ne pouvait guère tirer sur les uns sans tirer sur les autres. Il en résultait que lorsqu'on voulait défendre le terrain en avant de l'enceinte fortifiée, on ne le pouvait qu'au moyen de nouveaux ouvrages construits en avant des premiers. Malgré cela Vauban savait tout le cas que l'on pouvait faire de la fusillade protégée par l'artillerie. La savante organisation des chemins couverts par laquelle il réunissait les conditions où la chose était alors possible en fait foi. Somme toute, son principe était de reporter la défense le plus en avant possible. Dans ce but il prescrivait d'occuper toutes les hauteurs dangereuses dans la limite de la portée des armes de son temps, et de détruire dans la même limite tous les obstacles qui pourraient servir d'abri à l'ennemi. C'est précisément ce que fit le colonel Denfert. Ne pouvant détruire tous les abris que l'ennemi pourrait trouver dans la limite de la portée des armes, il les occupa. Il put le faire sans se priver du secours de son artillerie, dont les grandes portées pouvaient aisément le soutenir sans danger pour ses troupes. C'est ainsi qu'il occupa les villages de Danjoutin, de Pérouse, etc. Admettant en principe que le tir de l'artillerie a une justesse suffisante à une distance de 3,500 mètres, il en conclut qu'il pouvait sans crainte faire occuper par l'infanterie tout ce qui se trouvait dans un rayon de 2,500 mètres des ouvrages. Appliquant toujours les mêmes principes, il fit occuper les hauteurs dangereuses dans la limite de la portée des armes et notamment des Perches. L'occupation des Perches par un ouvrage fortifié lui permit d'étendre de ce côté les positions de son infanterie. C'est ainsi qu'il parvint à occuper un périmètre de 20 kilomètres avec une densité de front égale à $0^m,8$. Cette densité est un chiffre que l'on pourra admettre soit pour déterminer la garnison nécessaire pour défendre un périmètre donné soit pour déterminer l'étendue du périmètre que peut défendre une garnison d'un effectif connu.

Distance qui doit séparer deux forts détachés voisins.

Cette distance de 2,500 mètres à laquelle l'infanterie peut être efficacement soutenue par l'artillerie donne une limite naturelle de la distance qui doit séparer dans une place forte deux forts détachés. On voit qu'en fixant cette distance à 6 kilomètres, l'ennemi ne pourra se glisser entre deux forts sans danger, puisqu'il serait obligé de filer sous le feu de deux lignes d'infanterie solidement appuyées et sous celui des deux forts.

Détermination de l'effectif minimum d'une garnison.

Cette même distance donne encore le minimum de force que peut avoir une garnison. En supposant la place réduite à une seule batterie centrale défendant un cercle de 2,500 mètres de rayon on aura un périmètre de près de 16 kilomètres, qui, occupé à raison d'une densité de $0^m,8$ par mètre courant, donne une garnison minimum de 12,800 hommes. Ces chiffres indiscutables montrent, indépendamment de toute autre considération, que le rôle des petites places est terminé.

Limite de la distance des forts détachés à l'enceinte.

Enfin, ce fait que l'artillerie ennemie peut tirer avec efficacité sur les remparts à 3,500 mètres de distance forcera toute place à occuper toutes les hauteurs qui se trouvent dans ce rayon à partir de l'enceinte. Il est probable que, ces hauteurs occupées, on en trouvera

d'autres dangereuses. Mais il faudra savoir se limiter
au terrain que l'on veut défendre, et ne pas se laisser
entraîner à courir de hauteurs en hauteurs, d'autant
plus qu'avec le développement du périmètre à défendre
il faut augmenter la garnison et que les grandes distances font naître des difficultés très sérieuses dans les
approvisionnements, les travaux et généralement dans
toute l'organisation de la défense.

Emploi des petites sorties et des pièces mobiles.

Indépendamment de ces points remarquables de la
défense, il faut étudier le soin que prit le colonel
Denfert de tenir constamment l'ennemi en éveil sur
tous les points, tantôt par des sorties brusques et im-
prévues, tantôt par des coups de main tentés dans
toutes les directions à toute heure, sans règle fixe, de
façon que l'ennemi ne pût jamais rien prévoir ; entre-
mêlant les coups de main et les sorties réelles de façon
que l'assiégeant fût toujours obligé de rassembler ses
troupes à chaque coup de feu.

Nous signalerons encore l'emploi des batteries ca-
chées tirant par-dessus les masses couvrantes. Ce tir est
appelé à prendre un grand développement.

Enfin nous parlerons encore du tir des pièces mobiles se déplaçant dès que l'ennemi a réglé son tir sur
elles. On parvient ainsi à faire du mal à l'ennemi tout
en épargnant la vie des siens.

C'est donc grâce à une sage application des principes que le colonel Denfert a tranformé la défense
des places, et a pu subir sans se rendre un siège de
119 jours, dont 78 de tranchée ouverte depuis l'arrivée
du parc de siège. Il avait obtenu ce résultat avec des

troupes sans organisation, sans discipline, ainsi que l'ont prouvé des refus de marcher à l'ennemi contre lesquels il a été obligé de sévir, luttant contre des froids extrêmes, travaillant sur un sol glacé, mais sous un feu terrible et permanent, qui ne leur laissait de sécurité sous aucun abri ; tandis qu'à Metz le général Bazaine, avec des troupes éprouvées que rien ne venait inquiéter dans leur camp, se rendait ignominieusement au bout de 71 jours.

La défense des places n'a pas encore dit son dernier mot avec Belfort. Les tours cuirassées n'ont pas encore été éprouvées. Il est certain qu'un front défendu par des tours cuirassées espacées de 6 en 6 kilomètres ne permettrait devant lui l'établissement d'aucune batterie de siège.

Ce front aurait sur un centre de même étendue défendu par des forts plusieurs avantages trèssérieux . 1º A cause de la mobilité des tours, il pourrait, avec un nombre très restreint de pièces, atteindre tous les points de l'horizon, tandis que les forts n'y parviennent qu'au moyen de grands développements de crêtes. 2º Il n'y a pas encore de moyens d'attaque connus contre ce genre de fortifications. 3º Une tour cuirassée à établir coûte infiniment moins qu'un fort de quelque importance et demande infiniment moins de travaux. 4º Elle est défendue par une garnison d'une vingtaine d'hommes au lieu de 2,000 que réclame un fort. 5º Les approvisionnements en vivres sont par suite bien moindres, et on peut tout dépenser par les munitions. Ainsi ce moyen de défense réunit une puissance d'action plus grande à une économie considérable dans le travail.

CHAPITRE XIV.

OPÉRATIONS SUR LES DERRIÈRES DES ARMÉES ALLEMANDES.

**Organisation des transports et de l'exploitation des chemins de fer
sur les derrières des armées allemandes.**

Avec le siège de Belfort se termine l'histoire des
opérations militaires de cette guerre désastreuse pour
nous. Nous n'avons pas à nous occuper des traités
funestes à la France, d'abord et sans doute à l'Europe
entière, qui en ont été la suite. Le but de cet ouvrage
est une étude exclusivement militaire, ne s'occupant
ni des causes ni des résultats de la guerre et des moyens
de la faire. Notre étude sera donc terminée quand
nous aurons rapporté quelques opérations secondaires
qui ont eu lieu sur les derrières des armées allemandes.

Les Allemands avaient eu fort à faire pour le service de leurs communications. Il fallait partout rétablir
les voies ferrées, en assurer la sécurité, y organiser
des transports et suffire à l'énorme mouvement que
nécessitaient les approvisionnements en vivres et en
munitions de leurs troupes dispersées dans toutes les
directions, ainsi que les évacuations de malades et de
prisonniers, et éviter la confusion dans tant de mouvements divers.

L'organisation des transports fut confié à une com-
mission exécutive qui siégeait au quartier général, qui

avait pour la seconder des commissions de lignes
mobiles. L'entretien technique de la voie et du matériel
fut confié à des commissions d'exploitation secondées
par les abtheilungen de chemin de fer. La sécurité fut
assurée par les commandants d'étapes et les troupes
sous leurs ordres. Le personnel et presque tout le
matériel furent amenés d'Allemagne ; car on n'avait
pu s'emparer que de 50 locomotives utilisables. A la
fin de janvier, le service était fait par 3,600 employés
allemands, qui mettaient en mouvement, outre les
50 locomotive capturées, 355 venues d'Allemagne.

Utilité de l'adoption d'une largeur de voie différente de celle des nations voisines.

Ce chiffre considérable fait voir combien il serait
nécessaire pour une puissance d'avoir des voies orga-
nisées de telle façon que les locomotives au moins
des puissances voisines ne puissent pas servir sur ses
chemins de fer. Il suffirait pour cela d'adopter une
largeur de voie différente. C'est ce qu'ont fait les
Russes. Mais ce procédé conduit aux plus graves
inconvénients en temps de paix. Il faut faire subir,
tant aux marchandises qu'aux voyageurs, des transbor-
dements longs et coûteux. Néanmoins les avantages
seraient bien grands en temps de guerre. Que seraient
devenus les Allemands s'ils n'avaient eu d'autres ressources que le matériel pris sur nous, quand nos voies
ferrées leur eussent été complètement inutiles ? Car,
malgré ces ressources, ils furent plus d'une fois obligés d'employer des chevaux à tirer les trains, notamment sur la ligne d'Orléans à Paris.

Travaux occasionnés par la destruction des ponts et des tunnels.

La destruction des ponts et surtout des tunnels peut rendre longtemps les voies impraticables. Ainsi le rétablissement du tunnel de Vierzy, près Soissons, nécessita de la part des Allemands quarante jours de travail, du 7 octobre au 18 novembre. Le tunnel de Montcuil demanda aussi beaucoup de temps. Mais il était à peine rétabli qu'il s'écroula de nouveau, le 6 novembre. On fut obligé de le tourner par une nouvelle voie. La route de Châtillon-sur-Seine à Montereau ne put pas être rétablie à cause de la destruction des ponts de Nogent et de Montereau. La restauration du pont de Nuits, sur l'Armançon, exigea 33 jours. Le pont de Fontenay resta toujours dangereux à traverser même après qu'il eût été consolidé.

La meilleure manière de rendre une voie ferrée impraticable est de lui retirer l'eau. Ce n'est plus alors un point déterminé de la voie qui est hors de service, c'est la ligne toute entière.

**Troupes employées sur les derrières des armées allemandes.
Activité déployée par la garnison de Langres.**

Les troupes destinées à procurer la sécurité de l'exploitation, c'est-à-dire les troupes d'étapes secondées par celles des gouvernements généraux d'Alsace-Lorraine, de Reims et de Versailles, formaient un total de 124 bataillons d'infanterie, 42 escadrons, 13 batteries, 39 compagnies d'artillerie de place et 15 compagnies du génie, ce qui faisait un total de

130 à 140,000 hommes. Malgré ce nombreux personnel et des patrouilles incessantes faites dans toutes les directions, les routes n'étaient rien moins que sûres. Des bandes de franc-tireurs sortaient de tous côtés au moment où on s'y attendait le moins, et disparaissaient sitôt apparues. Les places de Langres et de Longwy entretenaient une guerre de surprises et de coups de main des plus incommodes. A plusieurs reprises, des détachements, des convois, furent surpris et enlevés par des troupes parties de ces deux places. A plusieurs reprises les Allemands songèrent à s'emparer de Langres. Successivement la IIe armée et le XIVe corps envoyèrent devant la place des troupes chargées de l'observer. Le commandant de la place, songeant à aguerrir ses défenseurs inexpérimentés, saisit toutes les occasions qui lui permettaient de les mettre en face de l'ennemi, leur procurant quelques succès au moyen d'opérations soigneusement combinées, leur évitant les échecs avec le plus grand soin, les aguerrissant ainsi peu à peu, de façon à avoir une garnison pleine de confiance en elle-même quand viendraient les jours du siège. L'ennemi, fatigué de ces entreprises incessantes, avait résolu d'y mettre un terme en faisant le siège de la place, lorsque l'armistice mit fin aux hostilités.

Prise de Longwy.

Longwy avait agi de même que Langres. Le grand état-major général en prescrivit le bombardement dans le milieu de janvier, et le 17 de ce mois 10 bataillons, 2 escadrons, 2 batteries, 7 compagnies d'artillerie de place et 4 compagnies de

sapeurs furent réunis devant les murs et l'investissement opéré. Les batteries de siège furent ensuite
construites, et, contrairement à toutes les règles,
ouvrirent leur feu successivement. La place en profita
pour concentrer son feu sur des points restreints.
Néanmoins, au bout de trois jours, à la suite d'un
violent incendie, son feu faiblissait, et elle capitulait
dans la journée du 25 janvier. Une grande partie de la
garnison se sauva en Belgique.

Capitulation de Phalsbourg.

Phalsbourg était toujours observé par un petit détachement. Après le bombardement inutile du 31 août,
il ne se passait plus rien d'important. Le 13 septembre
la garnison faisait une sortie qui l'amenait jusqu'au
Buchelberg. Le 24 novembre l'ennemi essaya un
nouveau bombardement qui fut aussi peu efficace que
le précédent. Enfin le 12 décembre la ville, manquant
de vivres, se rendait à discrétion après avoir détruit
ses munitions et ses armes.

Évacuation de Bitche.

Bitche, situé plus en dehors des communications,
fut cependant attaqué avec assez d'énergie. Cette place
était bloquée depuis la bataille de Wœrth. Le 11 septembre on bombarda d'abord la citadelle, puis la ville,
avec 24 pièces de siège, et le bombardement fut continué pendant sept jours. Le 18, l'ennemi, s'apercevant
que ce bombardement cruel pour la ville était sans effet
sur la fortification désarma ces batteries. Ce fut le co-

lonel Kohlermann qui donna cet ordre, rompant ainsi avec les habitudes de l'armée prussienne, qui a toujours continué les bombardements utiles ou non jusqu'à la fin des sièges.

A la suite de cette opération on se contenta d'observer la place, et le jour de la conclusion de l'armistice le colonel Kohlermann et ses bataillons se retrouvaient devant les murs de la ville.

CHAPITRE XV.

Aussitôt l'armistice signé, le gouvernement français convoquait à Bordeaux une assemblée nationale. Celle-ci ne se rassemblait pas sans peine ; des conflits s'élevaient au sein même du gouvernement au sujet des élections. A peine réunie, l'Assemblée prononçait la déchéance de Napoléon III et nommait M. Thiers chef du pouvoir exécutif. Celui-ci, déployant une activité sans égale, pressait la conclusion des préliminaires de la paix. L'armistice portait qu'à partir du 1er mars une portion de Paris serait occupée par les troupes allemandes jusqu'à la ratification des préliminaires, et M. Thiers voulait éviter à la France cette humiliation. L'armistice, qui devait durer jusqu'au 19 février, fut prorogé successivement jusqu'au 26. Les négociations furent entamées le 21. M. Thiers mit tout en jeu pour adoucir les exigences du vainqueur ; mais quant tout moyen de résistance est anéanti, que faire contre un ennemi inexorable qui proclame que la force prime le droit? Il fallut tout subir, et les préliminaires furent signés dans l'après-midi du 26. La France payait l'énorme rançon de cinq milliards, dont un au moins dans l'année 1871 et le restant dans les trois années suivantes. Elle abandonnait à l'ennemi la Lorraine dite allemande, et l'Alsace toute entière, sauf le territoire de Belfort, qu'avait sauvé l'énergique et vaillante défense du colonel Denfert. Strasbourg, Metz, ces villes si éminemment françaises, verraient le drapeau allemand flotter sur leurs murs. L'ennemi s'adjugeait des populations comme une marchandise ou un bétail. Il est vrai, sans doute, qu'après la campagne de 1859 la France était entrée en possession de Nice et de la Savoie ; mais en nous cédant ces provinces, l'Italie n'obéissait pas à la force ; et avant d'en prendre possession, la France faisait voter les habitants de ces deux pays. Elle rendait ainsi hommage au principe des nationalités. Les deux parties contractantes ne se cédaient pas des âmes comme deux marchands qui échangent leurs marchandises. Dans le traité du 29 février, le vainqueur s'appropriait simplement les populations en vertu de son axiome favori, qui, pour le malheur de l'humanité, a trop souvent régi le monde.

Les préliminaires, aussitôt conclus, étaient envoyés à Bordeaux, où ils arrivaient le 27 ; M. Thiers parvenait à les faire ratifier le 1er mars, et l'échange des ratifications se faisait à Versailles dans l'après-midi du 2 mars. L'empereur Guillaume ordonnait immédiatement l'évacuation de Paris dans lequel les troupes allemandes étaient entrées depuis la veille. Ainsi, grâce à l'activité du chef du pouvoir exécutif, Paris ne subissait que 24 heures le contact de l'ennemi, contact que M. Thiers redoutait d'abord par patriotisme, mais aussi parce qu'il avait senti les mauvais ferments qui s'agitaient dans la populace parisienne, et qui devaient trois semaines plus tard produire l'épouvantable et sauvage insurrection de la Commune.

Le 1er mars l'empereur Guillaume passait au bois de Boulogne une grande revue à la suite de laquelle ses troupes pénétraient dans Paris par les Champs-Élysées jusqu'au Louvre qu'elles étaient admises à visiter. Leur entrée se faisait au son de la même marche qui avait été jouée en 1814. Mais elles n'étaient plus cette fois accueillies comme des libératrices. Le terrain qu'elles devaient parcourir était soigneusement limité et gardé de toutes parts par le peu de troupes armées qui restaient dans Paris et qui redoutaient entre la populace et l'ennemi une collision, qui eût amené des suites épouvantables. L'ennemi paraissait ainsi gardé par nos troupes. Tout sur son passage présentait l'aspect du deuil et de la désolation. Les galeries mêmes du Louvre qu'il visitait étaient obscurcies par les blindages dont on avait recouvert les fenêtres pour protéger les musées contre la chute des projectiles. Nous avons dit que grâce à M. Thiers la ville fut évacuée dès le lendemain.

Immédiatement après la signature de l'armistice, les armées opposées avaient pris leurs dispositions pour reprendre la lutte avec acharnement dans le cas où les propositions de paix n'aboutiraient pas Quelques personnes croyaient encore à la possibilité pour nous de lutter. Le général Chanzy donnait l'assurance qu'il pourrait combattre encore avec quelques chances de succès. Il est certain que l'on pouvait faire en France ce qu'ont fait les Espagnols contre nous et acheter les mêmes succès au prix des mêmes souffrances. La signature des préliminaires anéantit toutes ces dispositions, et l'armée allemande commença aussitôt à se diriger sur les départements qu'elle devait occuper.

Le 15 mars 1881, l'empereur Guillaume quittait la France et adressait de Nancy un ordre du jour à ses troupes pour les remercier et les féliciter de la belle campagne qu'elles venaient de faire. Le 18 juin, il fit son entrée solennelle à Berlin à la tête de détachements représentant l'armée entière. Le défilé eut lieu aux pieds de la statue de Frédéric le Grand, comme il avait eu lieu à Paris, pour nos troupes, aux pieds de la statue de Napoléon, au retour des campagnes de Crimée et d'Italie. Après le défilé, fut inauguré le monument élevé à la mémoire de Frédéric-Guillaume III, le vainqueur dans les guerres de l'indépendance. C'est ainsi que l'on associait comme choses inséparables la liberté d'un peuple et l'oppression d'un autre, affirmant d'un côté l'idée que l'on niait de l'autre.

Il nous fallait cependant recueillir les cinq milliards que la France s'était engagée à payer. Ce ne fut pas sans de grandes craintes que l'on ouvrit le premier emprunt de deux milliards. C'était la première fois que l'on entendait parler de sommes aussi considérables ; et ce qu'on n'eût pas osé faire dans la plus grande prospérité, on le faisait après des revers inouïs. Le succès fut foudroyant par son instantanéité, par la rapidité avec laquelle il anéantit toutes les craintes et dépassa toutes les espérances. Dès le premier jour on fut assuré d'avoir en main le moyen de remplir les conditions de la paix. Le deuxième emprunt de trois milliards eut un succès aussi grand que le premier. Dès lors les payements se succédèrent sans interruption à intervalles de plus en plus rapprochés, et la libération du territoire fut avancée au moyen de conventions successives. Enfin, le 13 septembre 1873, les dernières troupes allemandes quittèrent Verdun, le dernier point occupé, et, trois jours après, le général de Manteuffel, commandant l'armée d'occupation, quittait le sol demeuré français.

Quels étaient les résultats de cette guerre entreprise sans motifs et sans préparation contre un ennemi dont les projets longuement mûris étaient secondés par

une armée merveilleusement exercée et équipée ?
Nous avions perdu en morts ou blessés environ
150,000 hommes ; 11,860 officiers et 371,981 hommes
avaient été envoyés en captivité ; 2,192 officiers et
88,381 hommes avaient déposé les armes en entrant
en Suisse ; et enfin 7,456 officiers et 241,686 hommes
avaient fait de même à Paris. On nous avait pris, tant
sur le champ de bataille que par suite de reddition,
107 drapeaux, 1915 canons de campagne et 5,526 canons de place ; on nous enlevait deux provinces. On
nous laissait cinq milliards à payer ; des villes dé-
truites, des champs dévastés. A toutes ces ruines
s'ajoutaient les contributions levées par l'ennemi, les
dépenses faites pour nos armées, celles que l'on faisait
pour l'entretien des troupes de l'armée d'occupation.
Au moment où la France faisait appel à toutes ses
forces pour sortir de ces débris, une sorte de folie
furieuse s'emparait de Paris. Les fureurs de la guerre
civile, mille fois plus funestes que celles de l'ennemi,
nous replongeaient dans le plus épouvantable chaos.
C'est dans cet état lamentable que se trouvait la
France, et c'est de cet abîme qu'elle avait à sortir
sous le gouvernement de la République.

L'armée allemande avait perdu 40,743 morts, dont
28,596 tués ou morts des suites de leurs blessures et
12,147 de maladies. Elle avait 88,588 blessés. C'est de
ce triste prix qu'elle avait payé tous ses triomphes ;
c'est à ce prix qu'elle pouvait s'enorgueillir d'avoir
ramassé en sept mois plus de trophées que Napoléon Ier
n'en avait recueilli dans ses plus belles campagnes.
Elle n'avait pas mis sur pied moins de 1,494,412 hommes, dont 1,146,345 avaient franchi la frontière.

CHAPITRE XVI.

RÉSUMÉ.

Il nous reste à résumer dans un dernier chapitre l'histoire de cette campagne si désastreuse pour la gloire de nos armes et les leçons que l'on peut en tirer,

Plans de campagne.

L'organisation de l'armée française ne lui permet pas de passer rapidement de l'état de paix à l'état de guerre. La formation a bien été prévue, mais sur le papier seulement, et des modifications survenues au dernier moment bouleversent les plans primitifs. Les corps d'armée sont déjà en formation, que leurs chefs ignorent leur composition et leur lieu de rassemblement. Les routes sont couvertes de soldats ; à Paris seulement on sait où ils vont. Leur marche est dirigée de Paris, leur subsistance est assurée de Paris. Chefs et soldats sont livrés à cette main qui les pousse de loin, mais sans les voir. Notre armée est peu nombreuse comparativement à celle de l'ennemi ; on la disperse sur toute l'étendue de la frontière. Soldats, munitions, approvisionnements, sont dans des chaos que l'on finit par débrouiller. Mais on y perd un temps précieux, et dès les premiers jours de la campagne l'incertitude, la précipitation, remplacent l'ordre et révèlent le secret de notre faiblesse.

Du côté de l'ennemi, on se rassemble méthodiquement sur un front étroit. Les corps d'armée sont conduits à leur place reconnue d'avance par des chemins soigneusement étudiés sous l'œil de ceux qui sont leurs chefs directs en paix comme en guerre. Le rassemblement se fait dans un ordre parfait. Afin que cet ordre soit invariable, qu'il ne soit pas troublé par les incursions de l'adversaire, on se résigne à lui abandonner sans défense le territoire allemand. Jusqu'au Rhin tout est libre devant notre armée, mais elle ne peut en profiter. L'ennemi est le premier prêt et franchit la frontière à son premier pas.

Les Allemands se divisent en deux armées. L'une d'elles entre en Alsace, et l'autre pénètre en France par Sarrebrück. Elles sont séparées par les massifs des Vosges. Cette disposition eût été imprudente si l'une de ces deux armées avait été trop faible pour résister à l'adversaire. Mais la supériorité numérique des Allemands était telle que des deux côtés ils pouvaient lutter à nombre égal contre nos forces réunies. Grâce à ces circonstances le danger était bien atténué. Néanmoins il subsistait toujours. Si l'armée française, se concentrant dans le massif des Vosges, venait à séparer les deux attaques, elle conservait la liberté de se jeter sur l'un ou l'autre des assaillants, et de le combattre à armes égales. Sur lequel devait-elle se jeter ? Le choix n'était pas douteux. C'était en Alsace qu'il fallait agir ; et là, si la fortune couronnait nos efforts, on repoussait l'ennemi vers le nord ; on menaçait les lignes de communication de l'armée qui était sur le côté occidental des Vosges, et on la forçait à rétrograder. Cette manière d'agir a été consacrée par des expé-

riences répétées qui ont toutes été suivies de succès.
Sans parler des guerres antérieures à la Révolution, on
sait, et Jomini l'a constaté à plusieurs reprises, que
toutes les fois qu'une armée française a descendu le
Rhin, elle a eu raison de tous les obstacles et forcé
l'ennemi à la retraite ; qu'au contraire, en luttant de
front, elle a eu des revers ou des succès chèrement
payés. Ainsi le raisonnement et l'expérience sont
d'accord sur ce qu'il y avait à faire. Sans doute, contre
un ennemi si puissant le succès était douteux. Mais
c'était là seulement qu'on pouvait le trouver.

Wœrth et Sarrebrück.

Le 6 août les têtes de colonnes des deux armées
ennemies arrivent en présence de nos troupes dispersées et livrent à 70 kilomètres de distance les deux
batailles de Wœrth et de Sarrebrück. A Sarrebrück
comme à Wœrth, le combat fut engagé sans les généraux en chef et entraîna successivement tout le reste de
l'armée. Il en résulta une série d'attaques isolées et
des bataillons engagés successivement et sans soutien.
L'arrivée du prince royal mit un peu d'ordre devant
Wœrth. Mais à Sarrebrück le manque de méthode, le
désordre des attaques, furent à leur comble. En face
d'un adversaire énergique et surtout résolu à l'offensive, les Prussiens eussent abouti à une défaite. Mais
le général Frossard, établi sur une forte position, ne
voulut pas l'abandonner. C'est l'effet assez certain des
retranchements qu'ils enlèvent l'initiative et détruisent
l'impulsion en avant. Le soldat n'est que trop porté à
se contenter de garder son poste, et est souvent satis-

fait quand les efforts de l'ennemi ont été impuissants à le lui enlever. Il ne se rend pas compte suffisamment que résister n'est qu'une partie de sa tâche, qu'il faut encore vaincre et anéantir l'ennemi. L'effet moral que les retranchements produisent sur les soldats, la forte position de l'éperon du Rothe-Berg le produisit peut-être sur le général Frossard, mais certainement sans qu'il s'en rendît compte. D'autre part, tandis que les généraux prussiens accouraient au bruit du canon pour prendre part à la bataille, les généraux français qui eussent pu accourir, soit à Sarrebrück, soit à Wœrth, restaient dans l'inaction. Une division du 5e corps se laissait même entraîner par le torrent des fuyards de Frœschwiller.

Ces deux batailles gagnées, l'ennemi perdait subitement le contact, ne trouvant plus que le vide devant lui, révélant son inaptitude à la poursuite, constatée depuis à presque toutes les batailles. La retraite s'opérait donc sans obstacle. Mais elle fut mal dirigée. Le 1er corps, complètement désemparé, fut conduit à Châlons, tandis que le reste de l'armée se concentrait sur Metz et que le corps du maréchal Canrobert quittait Châlons pour se rendre à Metz où il ne parvenait qu'en partie. Ce point de rassemblement était mal choisi. Il fallait à tout prix conserver la faculté de se jeter sur l'une ou l'autre des deux armées ennemies et se concentrer dans les Vosges. En se concentrant à Metz, on perdait irrévocablement les avantages d'une position centrale. Le corps de Mac-Mahon eût dû être, lui aussi, dirigé sur Metz, où au contact de corps solides il se serait mieux réorganisé qu'au camp de Châlons, au milieu de troupes nouvelles chez lesquelles son aspect engendra l'indiscipline. Il était du reste contradictoire de l'envoyer au camp lorsque au même instant on en faisait partir les troupes du maréchal Canrobert, ce qui produisit un encombrement fâcheux sur les voies, et une impression d'incertitude et de désordre plus fâcheuse encore.

Opérations sur Metz. — Le maréchal Bazaine et le général Mack.

Le contact entre l'armée française et les Ire et IIe armées ne fut rétabli que le 13 au soir. L'ennemi, laissant devant nous un seul corps de la 1re armée, entama immédiatement le mouvement tournant qui devait le placer entre nous et Paris. La manœuvre fut tout entière calquée sur celle d'Ulm. L'ennemi tourna notre droite comme Napoléon avait tourné celle de Mack en 1805, passa la Moselle derrière nous comme Napoléon avait passé le Danube derrière Mack. Bazaine fut enfermé dans Metz comme Mack l'avait été dans Ulm, et capitula honteusement comme lui, mais avec cette différence que Mack avait bien senti toute sa faute, tandis que Bazaine abritait sa capitulation sous les grands noms de Masséna, Kléber, Gouvion Saint-Cyr, quand il n'aurait dû citer que Mack, auquel il ressemblait de tous points. Mais les deux manœuvres, quoique tout à fait semblables, différèrent par quelques points.

Napoléon avait tourné Mack en se maintenant très loin de lui, de façon que son mouvement ne pût être gêné, ni même aperçu. Pendant ce temps il faisait paraître ses troupes devant tous les défilés de la Forêt-Noire afin de maintenir les Autrichiens dans l'idée que nous allions déboucher de la forêt. En même temps il se garda bien d'entamer aucun combat de ce côté. Ses plans furent suivis d'un plein succès, et l'armée française était tout entière entre Ulm et Vienne, que l'ennemi se refusait encore à croire à sa présence. En 1870, le mouvement des Prussiens se fit beaucoup plus près de nous; il aurait pu facilement être troublé. En tout cas, notre retraite était commencée, et, si elle eût été continuée avec décision, le mouvement des Prussiens aurait été complètement manqué. L'ennemi s'en aperçut et livra le combat de Borny pour retarder notre marche rétrograde. Il y parvint, mais ce ne fut pas sans périls. Car si Bazaine se fût bien pénétré qu'une armée qui en tourne une autre est exposée à être tournée par celle-ci, il aurait pu culbuter le Ier corps trop faible pour lui résister, et se trouver sur les communications allemandes. Il aurait eu alors tous les avantages. Car, solidement appuyé sur Metz, il ne pouvait craindre les entreprises de l'ennemi sur ses derrières, tandis que celui-ci avait tout à craindre des siennes. On se souvient qu'en 1805 l'archiduc Ferdinand sortit d'Ulm avec 20,000 hommes environ par la rive gauche du Danube gardée en ce moment par la seule division Dupont; que son apparition jeta le désordre dans nos parcs et nos convois, dont une grande partie fut enlevée, y compris le trésor de Napoléon. Ce ne fut que quelques jours après que l'Empereur reprit possession de tout ce qui lui avait été enlevé. Ce que l'archiduc Ferdinand a fait à Ulm, Bazaine pouvait le faire avec plus de succès encore si au lieu de 20,000 hommes il y employait son armée entière.

En 1805 Mack ne fit aucune tentative pour se soustraire au sort qui l'attendait; car on ne peut regarder les combats de Memmingen et d'Elchingen comme de grandes batailles. Napoléon s'était du reste attendu à une grande bataille livrée par Mack à la tête de toutes ses forces sur une ligne perpendiculaire au Danube s'étendant d'Ulm à Memmingen. A Metz, deux batailles eurent lieu les 16 et 18, sur une ligne perpendiculaire à la Moselle ; mais dans aucune des deux le maréchal Bazaine ne parut comprendre ni le danger qui le menaçait ni la manière d'en sortir. Dans la journée du 16 il y avait deux procédés également bons à employer. Le premier et le plus efficace consistait à attaquer les ponts de Novéant et les défilés de Gorze en longeant la Moselle. Le IIIe corps eût été anéanti tout entier. Le second consistait tout simplement à le combattre de front, mais avec toutes ses forces. Le maréchal ne vit rien de tout cela. Pendant toute la bataille du 16 il ne s'occupa que de sa gauche, pour laquelle il n'avait rien à craindre et qui était au contraire son côté fort et le côté faible de l'ennemi. Enfin ce fut un ordre de lui qui arrêta le mouvement de Canrobert qui allait lui rouvrir la route de Verdun.

Du côté de l'ennemi, le chef du IIIe corps eut une pensée fort heureuse en cherchant à nous fermer à lui tout seul la route de Verdun. L'entreprise, bien conçue au point de vue stratégique, était audacieuse, car elle ne laissait pas que d'entraîner quelques inconvénients. Le IIIe corps était à peine sorti des défilés de Gorze, les troupes arrivaient successivement. Les renforts qui pouvaient venir de Pont-à-Mousson étaient bien éloignés. Aussi les attaques furent successives par bataillons isolés. Or il est toujours dangereux d'engager ses forces par petits paquets qui peuvent être anéantis les uns après les autres. Le Xe corps, qui arriva le soir de Pont-à-Mousson, agit de la même façon. Le prince Frédéric-Charles avait commis la faute de ne pas marcher avec le corps le plus exposé.

Il n'arriva que fort tard dans l'après-midi. L'attaque qu'il fit dans la soirée n'avait aucune chance de réussite et eût pu être désastreuse pour lui. Elle fut arrêtée dès ses débuts ; mais nous ne prîmes pas l'offensive.

Le lendemain le maréchal Bazaine battait en retraite. Il abandonnait un champ de bataille sur lequel il n'avait pas été vaincu. Au lieu de combattre de nouveau avant que toutes les forces de l'ennemi fussent rassemblées, au lieu d'assaillir avec les troupes fraîches qui lui restaient les deux corps épuisés qui lui faisaient face, il rétrogradait, donnant pour prétexte le manque de munitions. Or il lui en restait bien plus qu'à l'ennemi. Les batteries du IIIe corps avaient consommé 11,520 projectiles, en moyenne 768. Deux d'entre elles avaient tiré 1150 coups. Le Xe corps avait moins consommé. Cependant une de ses batteries avait lancé 1048 obus. Tandis que l'ennemi épuisé avait les plus grandes peines à se ravitailler, le maréchal Bazaine n'en avait aucune. Ses parcs n'étaient qu'à 20 kilomètres de lui et communiquaient sans danger par de bonnes routes. Ayant fait le compte de ses pertes, il aurait dû faire celui de l'ennemi. En rétrogradant il lui laissait le loisir de rassembler toutes ses forces. Se retirer était donc une faute énorme ; mais le faire en abandonnant les routes de Verdun par Doncourt et Conflans était le comble de l'ineptie. Il est un précepte qu'on n'a jamais violé en vain, a dit Napoléon : c'est d'abandonner de gaieté de cœur sa ligne de retraite. Puisque le maréchal avait décidé qu'il y avait lieu de battre en retraite sur Châlons, il n'eût pas dû y renoncer au premier revers. Sans doute la justesse de cette idée était discutable. Aux premiers revers subis sur la frontière, abandonner l'Alsace, la Lorraine et la moitié de la Champagne, quand il n'y avait eu qu'un seul corps d'armée de battu, paraît une résolution excessive. Il est vrai que l'on couvrait Paris et se réunissait aux troupes en formation à Châlons. Mais il valait bien mieux résister de front et amener à soi les troupes de Châlons, que de livrer sans combat tant de provinces à l'ennemi. Enfin, la retraite une fois commencée, se priver des moyens de l'exécuter, montrait chez le général en chef une incertitude et une indécision que les événements qui suivirent ont mis dans tout leur jour et qui ont conduit le maréchal à perdre son armée, sa patrie et son honneur.

Journée du 18 août.

La journée du 17 fut donc employée par le maréchal à opérer sa retraite et à assurer sa perte en évitant le combat. Les Prussiens l'employèrent sagement à se concentrer. Le 18, ils firent devant notre front une marche de flanc de 12 kilomètres, faisant successivement face à droite pour combattre. Ce mouvement est en général très dangereux et n'a jamais réussi, sinon quand il n'a pas été inquiété. Cependant, quand on examine avec soin les précautions prises pour son exécution, on peut se demander si le maréchal Bazaine eût eu de grandes chances de vaincre en attaquant, et si les mesures prises n'atténuaient pas grandement le danger de ces manœuvres. L'expérience seule pouvait décider ; mais elle n'eut pas lieu. Le maréchal Bazaine, informé dès le matin que l'armée prussienne entamait à sa portée une marche de flanc, manœuvre que tous les capitaines ont signalée comme la plus dangereuse, le maréchal ne bougea pas.

Le but de l'ennemi était de nous couper d'abord la route de Verdun par Conflans et Étain, et ensuite de tourner notre droite. La première partie du programme s'accomplit sans obstacle. On ne trouva pas un seul détachement pour garder la route. Il n'en fut pas de même de la seconde partie. Le général Manstein attaqua avant que la garde prussienne fût parvenue en face de notre droite; aussi son corps fut-il obligé de se retirer avec des pertes énormes subies en peu de temps. La garde n'arriva en ligne que beaucoup plus tard, et après avoir, comme préliminaire de la bataille, enlevé Sainte-Marie-anx-Chênes. Ce ne fut donc qu'à cinq heures du soir environ que l'armée prussienne fut en ligne. Elle attaqua Saint-Privat avec une vigueur et un courage admirables. Mais une position si forte ne pouvait être enlevée de front, et ce fut une faute grave que de l'attaquer ainsi directement. En un quart d'heure la garde eut plus de 6,000 morts ou blessés sur 20,000 hommes. Elle fut obligée de s'arrêter. C'était le cas de charger pour le maréchal Canrobert. Mais il ne le fit pas, par suite de l'arrivée des Saxons qu'il apercevait sur sa droite. Un retour énergique eût sans doute amené la retraite de la garde prussienne qui eût peut-être entraîné celle des Saxons. A la guerre on ne doit jamais renoncer à un succès certain, dans la crainte d'un danger qui peut suivre. Le succès apporte avec lui des effets de plus d'un genre, et ne procure pas que des avantages matériels. Il exalte la confiance des nôtres, et démoralise l'ennemi. Napoléon n'a dû la plupart de ses victoires qu'à son habileté à profiter du plus mince avantage, sans s'effrayer des revers.

Vers le soir, Canrobert, tourné par les Saxons, battit en retraite lentement, pas à pas, imposant à l'ennemi par sa ténacité. La garde impériale arriva, mais trop tard, à son secours ; le lendemain nous cédions une seconde fois le terrain et l'investissement commençait.

Somme toute, l'ennemi avait été audacieux ; il avait exécuté à notre vue un des mouvements les plus difficiles, qui n'a jamais réussi qu'avec la connivence de l'adversaire. On le laissait accomplir sans le troubler en rien. Aucun accident, aucun revers, ne venait déranger le programme. C'était dû à l'inaction ou plutôt au défaut de vues d'ensemble et d'idées arrêtées dans nos troupes. Le maréchal Bazaine n'assistait pas à cette bataille, qui décidait de son sort et de celui de la France. Il n'y paraissait que pendant une heure environ, affirmant que ce n'était rien, laissant les commandants de corps d'armée résister isolément sans ordres, et sa garde dans l'inaction.

Dans toutes ces batailles, la cavalerie des deux partis avait fourni des charges exécutées avec beaucoup de courage et d'entrain. Une seule avait réussi, celle qui dans la journée du 16 avait permis de remplacer en première ligne le corps du général Frossard par la garde impériale. Toutes les autres avaient succombé glorieusement, mais sans succès. La puissance des feux de l'infanterie, même aux grandes distances, s'était affirmée ; on avait pu se convaincre de la valeur énorme des plus petits obstacles défendus par elle. Enfin, l'artillerie avait acquis un développement considérable. On avait appris la puissance de ses feux convergents, dirigés successivement sur tous les points de résistance de l'ennemi ; et l'ensemble de ces positions avait fourni pour ainsi dire la charpente inébranlable de la bataille.

Armée de Châlons. — Bataille de Sedan.

Dès le lendemain, les Prussiens jugeaient inutile de conserver la II° armée tout entière pour le blocus de Metz, et en détachaient l'armée de la Meuse, qui devait avec la III° armée marcher sur Paris. Après quatre jours de repos, le mouvement commençait le 23. Le même jour partait du camp de Châlons la nouvelle armée placée sous les ordres du maréchal Mac-Mahon pour débloquer Metz. Tandis que l'armée prussienne marchait largement développée sur un front de 80 kilomètres, les Français se tenaient étroitement concentrés sur une ligne de 15 à 20 au plus. Placés sur le flanc droit de l'ennemi qui ignorait leur mouvement, ils pouvaient aisément lui dérober quelques jours de marche, et en cas de rencontre écraser de toute leur masse le corps qui se serait exposé à leurs coups. De Châlons à Mars-la-Tour la distance est de 130 kilomètres qui pouvaient être franchis aisément en six jours, et au besoin en quatre ou cinq. Malheureusement, le maréchal Mac-Mahon ne croyait pas au succès. Il commença par rétrograder sur Reims dès le 21, puis, sur les ordres reçus de Paris, revint vers l'est, et le 26 il était encore à 75 kilomètres ou trois jours de marche de Mars-la-Tour. Sans son mouvement rétrograde, en partant le 21, il serait arrivé à Mars-la-Tour dès le 25 ou le 26 au plus tard, tandis qu'à cette même date il était encore fort loin, et dans une direction excentrique. Ce danger chimérique dans les premiers jours, on le rendit certain à force de le fuir, et l'on fut contraint d'accepter dans des conditions désastreuses la bataille qu'on avait évitée dans des moments favorables.

L'ennemi resta plusieurs jours dans l'ignorance des mouvements du maréchal. Ce ne fut que le 25 qu'il en apprit quelque chose, et le 26 seulement il commença son changement de front. Ce jour même l'armée de Mac-Mahon eût pu être en vue de Metz, mais elle en était encore loin. Néanmoins, ce ne fut que le 28, au bout de trois jours, que l'armée ennemie put se présenter sur sa droite assez en force pour combattre. Dans la soirée du 27 elle pouvait très probablement essuyer un échec; la nuit du 28 au 29 fut une nuit d'alarmes pour le XIIe corps. Elle eût évité cette chance défavorable, si elle eût marché sur deux lignes à une journée de marche de distance. A partir du 28, les opérations de l'armée allemande se succèdent avec une netteté, une précision, qui forcent l'admiration. La manœuvre qui a amené la bataille de Sedan, et forcé l'armée française à capituler, est sinon la plus belle, au moins l'une des plus belles que l'histoire nous ait léguées. Sans doute il restait à l'armée française quelques chances d'échapper à un malheur aussi complet, à l'humiliation de déposer les armes; mais, quelles que fussent sa résolution et son énergie, elle ne pouvait se soustraire aux sacrifices les plus douloureux. Peut-être eût-elle pu rompre sur un point le cercle qui se formait autour d'elle; mais son mouvement eût toujours ressemblé à une fuite, et eût été payé peut-être d'autant de victimes.

La supériorité numérique passe du côté des Français.

A la suite du 1er septembre, le blocus de Metz, le

siège de Strasbourg et la marche sur Paris s'exécutent sans obstacle. La France ne possède plus d'armées. Il faut qu'elle en organise de toutes pièces. Les événements cessent de se précipiter. Jusque à présent la supériorité numérique des Allemands est si considérable, qu'ils ont partout, à Strasbourg, devant Metz et à Sedan, l'avantage du nombre. Ils ont beau fractionner leurs armées, partout leurs bataillons sont plus gros que les nôtres. Mais, à mesure qu'ils s'avancent, il leur faut semer des garnisons sur leur passage, garder les places, les chemins de fer, les télégraphes, les lignes d'étapes. Quelque rapidité que l'on mette à envoyer d'Allemagne des renforts pour remplacer les morts et les blessés, les effectifs fondent plus rapidement encore. De notre côté, nous aurons autant de morts, autant de blessés, autant de malades, un nombre énorme de prisonniers; et cependant, en mettant sur pied toutes les forces de la nation, nous parviendrons aisément à avoir une supériorité numérique écrasante sous les murs de Paris; dans le Nord, devant Manteuffel; sur la Loire, devant le prince Frédéric-Charles; dans l'Est, sur la Lisaine. Mais cette supériorité n'étant pas secondée par l'instruction des soldats, mal employée dans les combinaisons stratégiques, ne nous servira de rien. C'est ainsi que lorsque nous avions des soldats instruits, nous avons été battus faute d'en avoir assez; et lorsque nous avons eu assez de soldats, nous l'avons été faute d'instruction.

L'investissement de Paris fut opéré avec des forces qui eussent été insuffisantes en tout autre cas. Le ministère de Palikao avait pourvu à la défense avec une rapidité et une énergie sans égales. Non content d'avoir formé et lancé l'armée de Châlons à la rencontre du maréchal Bazaine, opération qui ne manqua que par suite des lenteurs de l'exécution, il avait rassemblé et armé les gardes mobiles et la garde nationale, reçu des approvisionnements immenses, et exécuté aux environs de la ville des travaux de fortification considérables. Jamais le temps ne fut employé avec plus d'activité, plus de décision, que pendant ces 24 jours. Le jour de l'investissement, 168,000 Allemands se trouvaient en présence de près de 500,000 hommes armés. Ah! si l'instruction militaire eût été donnée à tous, si tant d'armes avaient été mises entre les mains de vrais soldats, la guerre eût certainement eu une autre issue.

Pour protéger le corps de siège, deux armées d'observation se portaient, l'une sur la Loire vers le sud, l'autre vers le nord sur la Somme. Pendant les deux mois de septembre et d'octobre, la France, occupée à réorganiser ses armées, voyait tomber successivement les divers points d'appui de sa défense. Tandis qu'à Paris on tâchait d'aguerrir peu à peu des troupes plus que médiocres, tandis que sur la Loire et sur la Seine-Inférieure on pressait les rassemblements, qu'on se procurait par toutes les voies des chevaux, des armes, des équipements de toute nature, Strasbourg et Metz tombaient l'une après l'autre.

Premières opérations sur la Loire. — Batailles de Coulmiers et d'Orléans.

Au commencement d'octobre, le 15ᵉ corps à peine formé, se montre sur la Loire et se porte au-devant des Bavarois. Son organisation est incomplète ; la plupart de ses fantassins n'ont jamais tiré un coup de fusil; ses cavaliers n'ont jamais monté à cheval, et tombent d'eux-mêmes aux allures vives. Il est battu, et les Bavarois entrent dans Orléans. Le général d'Aurelles de Paladines prend le commandement de l'armée. Son premier soin est de lui faire donner l'instruction indispensable; mais il faut se hâter, car Metz est tombée, et l'armée du prince Frédéric-Charles, devenue disponible, se met en marche sur la Loire. Le 9 novembre, le 16e corps et le 15e, qui s'est transporté sur la rive droite, sont dirigés sur les communications des Bavarois. Cette marche bien conçue se termine par la seule victoire que nous ayons remportée. Mais nous n'en recueillons pas les fruits. Rentré dans Orléans, le général d'Aurelles organisa défensivement la forêt et prépara ses troupes au choc de la IIe armée. Peut-être eût-il mieux valu profiter de l'absence de cet ennemi redoutable pour marcher sur Paris, et faire en avant des progrès qu'il ne pouvait empêcher. Nous n'eussions pas moins été vaincus le jour où la IIe armée aurait rencontré nos troupes. Mais, battus pour battus, ne valait-il pas mieux l'être sous les murs de Paris que sous ceux d'Orléans?

La défense de la forêt fut assez mal organisée. On eût dû disposer les communications de telle sorte que l'on pût profiter du rideau de la forêt pour porter, à l'insu de l'ennemi, le gros des troupes sur un point déterminé. Au lieu de cela on obstrua tous les chemins parallèles à la rivière, de telle sorte que, pour aller d'un point à l'autre de la circonférence, il fallait rétrograder sur Orléans et traverser deux fois la forêt dans toute son étendue. On commit la même faute que Dumouriez dans l'Argonne, et l'on en fut puni de la même façon. Gouvion-Saint-Cyr dit, en parlant de la campagne de l'Argonne: « Garder tous les passages connus d'une forêt aussi étendue, sera toujours une mauvaise opération. Car à côté des passages connus il en existe toujours d'inconnus. La défense sera toujours battue quelque part, un passage tourné ou enlevé, et tous les autres corps pris à revers seront contraints de rétrograder » ; et ailleurs : « Si après tant de fautes les Français ne furent pas battus, c'est parce qu'ils ne furent pas attaqués. » Dans la forêt d'Orléans, les progrès de l'ennemi sur un point de la circonférence forcèrent tous les autres corps à la retraite, et amenèrent la deuxième entrée des Allemands dans la ville.

Aussi, nulle part l'armée de la Loire n'a combattu réunie. Elle a fait battre successivement ses deux ailes et son centre. C'est d'autant plus regrettable que de son côté l'ennemi imitait, calquait pour ainsi dire nos opérations, que nulle part il ne se présentait en masse. Son armée était aussi morcelée que la nôtre, et ses opérations ont avec les nôtres ce caractère commun que sur tous les champs de bataille, c'étaient des corps isolés qui se battaient contre d'autres corps. Si l'organisation défensive de la forêt nous eût permis d'opérer à son abri une concentration rapide, il eût été aisé de porter à l'ennemi des coups redoutables, et de le punir de ses fautes.

Capitulation de Metz.

Pendant ce temps, Strasbourg et Metz avaient succombé : la première, sous les effets du bombardement le plus barbare soutenu avec constance par une garnison composée de débris de toute espèce, mais que son

défaut de cohésion empêchait de pousser la défense à
ses dernières limites ; la seconde, sous les effets de la
misère et de la faim supportées avec non moins de constance par une armée forte, solide, disciplinée, mais
que la trahison et l'ambition malsaine de son chef
conduisaient à sa perte. On peut dire que la défense de
Metz a été totalement nulle, qu'on n'y a pris aucune
des précautions les plus vulgaires dans une place
assiégée. On y a introduit une masse d'étrangers avec
des approvisionnements insuffisants ; on n'a pas même
fait rentrer les vivres qui étaient sous les murs de la
place, sous prétexte qu'ils étaient l'occasion de quelques combats et de quelques blessures. L'armée a été
laissée dans l'inaction la plus désastreuse, et chaque
fois que l'on paraissait vouloir l'en tirer, les ordres et
les contre-ordres se succédaient avec une rapidité et
une inconséquence qui sont les meilleurs moyens
pour énerver et paralyser toute action énergique.

C'est ainsi que 140,000 prisonniers furent s'ajouter
aux 85,000 de Sedan, formant un total de 225,000
hommes perdus pour la France. Il n'est pas présomp-
tueux de croire que rassemblés, soit sur la Loire,
sur la Lisaine ou dans le Nord, et joints aux nouveaux soldats levés par la République, ils n'eussent
battu les faibles effectifs opposés par les Prussiens,
et fait rétrograder l'invasion jusqu'à sa source.

La capitulation de Metz fera dans l'histoire le pendant de la capitulation d'Ulm ; et l'on pourrait ajouter
que les noms du maréchal Bazaine et du général Mack
seront unis. Mais ce serait faire tort à un brave
guerrier comme ce dernier, qui abandonna sa place
le désespoir dans l'âme, dévoré de remords et de confusion, bien qu'il n'eût à se reprocher que de n'avoir
pas deviné et combattu à temps les manœuvres de son

adversaire, que de mettre son nom à côté de celui qui a, de parti pris, pour la satisfaction d'une ambition aussi insensée que soigneusement cachée sous le voile d'obscures intrigues, perdu son armée et sa patrie, et qui, loin de sentir son infamie, avait l'effronterie de se comparer à de grands hommes, dont le nom seul était pour lui la plus humiliante condamnation.

Sortie de la garnison de Paris le 30 novembre.

L'investissement de Paris fut fait avec des forces qui eussent été d'une insuffisance ridicule dans d'autres circonstances. Ce qui le rendit efficace, ce fut la mauvaise qualité des troupes chargées de la défense. L'affaire du 18 septembre ne montra que trop clairement leur faiblesse. L'attaque bien conçue, bien combinée, exécutée à l'instant précis où elle avait le plus de chances de succès, échoua misérablement par la panique qui s'empara d'une partie des troupes au premier coup de canon. On fut obligé de rentrer dans la place, et pendant deux mois il fallut renoncer à toute opération sérieuse pour parfaire l'instruction et pour aguerrir peu à peu le moral. Malheureusement, on était à Paris. Dans cette grande ville abondent toutes les vertus et tous les vices ; dans ces temps troublés les éléments malsains apparaissent, et dans les moments de liberté que le service faisait au soldat, ces éléments avaient toute facilité pour développer en lui les germes de l'indiscipline et de la débauche. Chez beaucoup d'entre eux, à mesure que croissait l'aptitude physique du soldat, l'aptitude morale allait en décroissant. Enfin, après de longs préparatifs, fut tentée la sortie du 30 novembre. Bien que longuement méditée, tentée dans un terrain des plus favorables, avec une supériorité numérique suffisante, elle manqua. Le défaut de concordance dans les opérations, la qualité inférieure des troupes, les fortes positions habilement retranchées qu'occupaient les Allemands, le froid rigoureux qui sévit ces jours-là, en furent la cause. A partir de ce jour, la partie put être considérée comme perdue devant Paris. La politique détournait les défenseurs de leur devoir et leur faisait perdre de vue ce qui était l'unique objet de leur présence. Aussi l'art militaire trouve peu de sujets d'étude dans une opération aussi importante; le siège d'une petite place comme Belfort est mille fois plus intéressant pour le soldat.

Batailles de Villers-Bretonneux et de Pont-Noyelles.

Les Allemands avaient détaché vers le Nord une armée d'observation comme ils en avaient détaché une vers le sud. Ayant Metz à garder, Verdun, Mézières à prendre sur son passage, elle arrivait morcelée dans le Nord. Là comme ailleurs, nos soldats à peine réunis, sans instruction encore, ne pouvaient profiter de circonstances aussi favorables; et l'ennemi entrait sans résistance partout où il se présentait, sauf dans les places fortes qu'il était impuissant à réduire. Quelques soldats, réunis dans Amiens, combattirent à Villers-Bretonneux, mais sans plan, sans suite. Amiens et plus tard Rouen virent les Prussiens dans leurs murs. Pendant ce temps, l'armée du Nord se formait lentement, et le 23 novembre elle signalait sa présence par la bataille de l'Hallue ou de Pont-Noyelles.

Si l'on peut relever quelques fautes légères du côté des Français, le général prussien, voulant copier la manœuvre de Gravelotte, en fit de bien plus graves. Il eût été battu cent fois, si le général Faidherbe eût eu un peu de cavalerie, et avait pris résolument l'offensive par son centre.

Deuxième armée de la Loire.

Sur les bords de la Loire, une lutte opiniâtre de quatre jours se terminait par la retraite sur Vendôme et le Mans. Là aussi nous avions la supériorité du nombre, là aussi l'ennemi commettait sa faute accoutumée de s'étendre démesurément. Il ne couvrait pas suffisamment la route de Paris. Enfin, après ces quatre jours de lutte, il en passait trois dans l'ignorance absolue de la route prise par le général Chanzy. Lorsque enfin la campagne se terminait de ce côté par la bataille du Mans, les opérations de l'ennemi étaient aussi médiocres que par le passé; simples poussées de front, sans aucune conception tactique ou stratégique, dispersion des corps d'armée, qui combattent toujours isolément, concentration sur un point forcément occupé par l'adversaire, ce qui est une des plus lourdes fautes que l'on puisse commettre; il n'y a là rien qu'on puisse admirer.

Bataille de Bapaume.

La bataille de Bapaume, livrée dans le Nord, n'est

pas plus heureuse comme conception de la part de l'ennemi. Forces insuffisamment concentrées, tenta-tives folles de déborder le général Faidherbe sur ses deux ailes, alors qu'on lui était inférieur en nombre. Aussi on peut regarder la bataille comme perdue pour les Allemands ; car non seulement ils ont battu en retraite le lendemain, mais ils étaient prêts à éva-cuer les tranchées devant Péronne. La bataille de Saint-Quentin fut la répétition des mêmes fautes de la part de l'ennemi. Là comme à Bapaume, son centre était la partie faible ; et s'il n'eût reçu des renforts pendant la bataille, elle se serait terminée comme celle de Bapaume.

Opérations dans l'Est.

Enfin, le dernier épisode de cette malheureuse cam-pagne est l'expédition de Bourbaki dans l'Est. Mal-gré la direction excentrique de ces troupes, l'opération pouvait conduire à des résultats importants en cou-pant toutes les lignes de communication des Alle-mands, et faisant lever le siège de Belfort. Mais on eût pu arriver au même résultat sans traverser les Vosges en se dirigeant par Langres sur Saverne. Quoi qu'il en soit, les Allemands furent pris au dépourvu. Le gé-néral Werder se vit obligé de livrer bataille sur la Lisaine dans des conditions déplorables. S'il parvint à tenir contre toute espérance, il faut l'attribuer à l'état misérable de nos troupes, à leur faiblesse mo-rale. Deux régiments prussiens ayant contre eux tout un corps d'armée, lequel avait l'ordre d'attaquer vigou-reusement, purent résister toute la journée à ses atta-ques, au prix dérisoire de quatre morts et de neuf blessés. Quand après cette bataille de trois jours l'armée de l'Est battit en retraite, on peut dire qu'elle n'existait plus et qu'elle était condamnée à disparaître à la seule vue de l'ennemi. L'arrivée du général Manteuffel acheva de la détruire. La marche aventureuse de ce général ne fut, heureusement pour lui, troublée par aucun obstacle, et il put sans encombre achever ce que le général Werder, le froid et la misère avaient si bien commencé.

Appréciation générale des opérations de l'ennemi.

Telle est en gros l'histoire de la campagne. Si désastreuse qu'elle ait été pour nous, elle est loin de trahir de notre côté une faiblesse irrémédiable en face de notre puissant ennemi. Si nos conceptions militaires avaient été mauvaises, celles de l'ennemi n'avaient pas été toujours parfaites. Sauf le mouvement tournant de Metz, et surtout les manœuvres de Sedan qui resteront toujours un juste sujet d'admiration, le reste de leurs opérations a été fort médiocre. Ils ont commis des fautes très graves à l'attaque de la forêt d'Orléans, à la bataille de Pont-Noyelles, à celle de Bapaume. Les manœuvres contre le Mans sont très faibles. Les blocus de Metz et de Paris ont dû leur succès à toute autre chose qu'à la valeur allemande. Si les Prussiens ont vaincu à Héricourt, ils le doivent sans doute à l'audace qu'ils ont eue de tenir tête à un adversaire qui leur était bien supérieur, mais surtout à l'extrême faiblesse avec laquelle furent conduites des attaques qui auraient dû être décisives.

L'infanterie allemande s'était montrée très solide, la cavalerie assez audacieuse. Cependant celle-ci a

trahi une faiblesse inconcevable dans la poursuite.
Ni après Wœrth, ni après Orléans, Vendôme, le Mans,
ni après Pont-Noyelles, enfin en aucune occasion, elle
n'a pu suivre nos colonnes en retraite, presque toujours
la piste a été perdue pendant plusieurs jours. L'artillerie seule a été à peu près irréprochable. Le génie
n'a guère eu l'occasion de se montrer que devant
Strasbourg et Belfort. Devant Strasbourg, il y eut des
fautes commises dans le tracé des tranchées; mais la
faiblesse de la défense favorisa singulièrement les
attaques. Devant Belfort, le rôle du génie a été à peu
près nul. Il s'est, en outre, grossièrement trompé en
déplaçant le point d'attaque primitif, qui était le fort
de Bellevue, pour le transporter sur les Perches;
ce changement a permis à la garnison de prolonger
la défense jusqu'à la paix. D'autre part, notre faiblesse
a toujours été dans le défaut d'instruction de nos
troupes; car partout nous avons eu à la fin de la
guerre une supériorité numérique considérable, qui
l'eût été plus encore si nous avions pu disposer
des 380,000 prisonniers perdus en si peu de temps.
L'institution du service obligatoire nous fournira un
nombre égal sinon supérieur de soldats instruits. Si
jamais une pareille invasion se renouvelait, il est
permis de supposer que nous n'aurions pas un grand
nombre de prisonniers en Allemagne, que, par
suite, nous aurions l'égalité sous le rapport de l'instruction, et que les progrès de l'ennemi amenant la
dissémination de ses forces, nous finirions par avoir
sur lui une supériorité écrasante sous le rapport du
nombre. Il y a donc des raisons légitimes d'espérer que les malheurs de l'année terrible ne se renou-
velleront pas. Mais il ne faut pas se dissimuler que si
l'on voulait changer les rôles, la Prusse trouverait

dans ses institutions la même force de résistance que
la France dans les siennes. Si donc la guerre éclate
jamais entre les deux puissances, il est probable que
si les succès immédiats permettent à l'une d'elles de
franchir la frontière, ils seront bientôt suivis de revers
éprouvés à peu de distance; et que les maux de la
guerre seront limités aux zones contiguës des deux
empires.

Services rendus par les places fortes.

Malgré le nombre considérable de places tombées
entre les mains des Allemands, la fortification perma
nente a montré toute l'étendue de son pouvoir : et
aujourd'hui nul ne serait admis à contester, comme
on l'a fait quelquefois, l'utilité des places fortes.
En effet, la plus grande partie de celles qui ont été
prises n'avaient de places fortes que le nom ; toutes
étaient inhabiles à se défendre contre l'artillerie
moderne. Néanmoins Metz et Paris ont, par leur seule
présence, indépendamment de toute défense, immo-
bilisé les armées allemandes. Belfort a lutté vaillamment, bien que son système de défense fût loin d'être
complet, et que les ouvrages commencés fussent loin
d'être achevés. Il y a même de petites bicoques
comme Bitche et Phalsbourg qui, sans importance
dans la lutte, ont néanmoins épargné à leurs habitants
le joug de l'ennemi jusqu'au dernier jour, où ils ont
été abandonnés par la France épuisée. On peut même
dire que, seules, les places fortes ont opposé une
résistance sérieuse, des obstacles gênants. Quelle est
l'armée qui a pu tenir un mois seulement la cam-

pagne sans rétrograder après des pertes cruelles et des souffrances qui ne l'étaient pas moins ? Sans doute, ces places ont fini par succomber ; mais il faut se souvenir que les fortifications ne se défendent pas toutes seules ; qu'elles ne nourrissent pas les habitants, quel qu'en soit le nombre ; que Metz et Paris, quoique simplement bloqués, ont donné à la défense le temps de s'organiser en province, et que ce n'est pas leur faute si ce temps n'a pas suffi pour permettre à la France de secouer ses envahisseurs. Mais, tout en montrant son utilité, elle a dévoilé les défauts inhérents aux anciennes constructions. Cette guerre a démontré que :

1° Toute place peut défendre les lignes d'infanterie jusqu'à 2,500 mètres de son pourtour, et doit être munie d'ouvrages jusqu'à cette distance. Si la place a 1 kilomètre de diamètre, cela donnera à la défense un périmètre de 19 kilomètres, qui ne pourra être bien défendu que par une garnison de 15,200 hommes, à raison d'une densité périmétrique de 0,8 ;

2° Toute hauteur comprise dans un rayon de 3,500 mètres, à partir de l'enceinte, devra être occupée ;

3° Les forts détachés devront être espacés de 5 à 6 kilomètres entre eux ;

4° La fortification devra songer à la défense éloignée et pouvoir contrebattre les batteries du bombardement aux grandes distances. Elle devra être tracée de manière à produire des croisements de feux à des distances de 2,500 à 3,500 mètres, ce que ne donnait pas l'ancienne fortification ;

5° Elle devra être pourvue d'un grand nombre de casemates ;

6° Les fossés devront être étroits et profonds pour éviter les brèches par le tir plongeant ;

7° Il sera nécessaire d'utiliser le tir indirect par-
dessus les parapets ;

8° Il n'y a rien à changer à la défense rapprochée,
telle qu'elle a été organisée par Vauban.

Fortification passagère.

La fortification passagère a, de son côté, pris une
importance capitale ; elle a montré des propriétés de
résistance considérables, et est devenue l'auxiliaire
indispensable de la fortification permanente, qu'elle
égale presque en efficacité. Le plus mince abri peut
devenir, grâce au feu de l'infanterie, un obstacle
infranchissable. Les tranchées-abris de Gravelotte ont
vu trois corps d'armée ennemis échouer devant elles.
Devant Paris, nos travaux, ceux des Allemands, ont
été tour à tour pour chacun des deux partis la cause
d'échecs répétés ou un soutien efficace contre des
attaques successives. Il suffit, pour que la fortification
passagère soit bonne, qu'elle batte bien le terrain en
avant, mais surtout que l'ennemi soit arrêté, ne fût-ce
que pour quelques minutes, sous le feu à petite portée
des retranchements. Le tir rapide du fusil moderne
a une efficacité terrible à laquelle rien ne peut résister. Sans doute, on peut dans le tracé des retranchements rapides chercher à obtenir des flanquements ;
on peut augmenter le relief des ouvrages ; leur valeur
croîtra sans doute avec ces avantages. Mais il ne faut
pas oublier que si petit, si faible que soit le retran-
chement, il aura néanmoins une efficacité considérable si l'ennemi est contraint de s'arrêter un seul
instant sous le feu.

Les bois et les villages surtout sont défendus par des

retranchements. On profite des murs des jardins, des maisons pour les organiser défensivement. Si l'on a lu avec attention les détails donnés sur les affaires où l'on a attaqué ou défendu des bois et des villages, on aura remarqué que pour l'assaillant la grande difficulté est toujours de conquérir les premières maisons du village ou les premiers saillants du bois ; qu'une fois en possession d'un de ces points, il a les mêmes avantages que le défenseur ; que les arbres, les murs, prêtent à tous les deux un appui indifférent. Il en résulte la nécessité pour le défenseur d'organiser la défense sur la lisière extérieure des uns et des autres, et de ne laisser au dehors de cette lisière rien qui puisse devenir un point d'appui, un relais pour l'ennemi. Ainsi, autour d'un village, ce sera toujours la dernière levée de terrain, le talus le plus extérieur, qu'il faudra occuper, ainsi que les premières maisons. S'il y a des maisons trop en dehors de l'enceinte, il faudra tâcher de les ruiner d'abord. On s'adressera pour cela à l'artillerie placée sur les flancs de la position, et qui devra croiser ses feux sur cet obstacle. Car le génie l'eût-il fait sauter, les décombres restent et servent d'abri, s'ils ne sont pas battus. L'intérieur du village ne doit pas être occupé ; car il est toujours le but de nombreuses batteries. On ne doit y entrer qu'au dernier moment, et y faire occuper seulement alors le réduit extrême. Quant à l'attaque, nous avons montré, à plusieurs reprises, qu'elle ne peut réussir qu'en débordant les deux flancs.

Prédominance des feux.

Tous ces changements amenés dans la fortification

par l'action puissante des feux, par leur prédominance
due aux progrès de l'armement, sont suivis de modifications semblables dans la tactique des trois armes.
Le fusil n'est plus le manche de la baïonnette, comme
le disait le maréchal de Saxe. Ce n'est plus l'ancienne
pique pouvant au besoin tirer quelques balles incer-
taines. Les rôles sont aujourd'hui renversés. La
baïonnette n'est plus qu'un accessoire rarement utile
du fusil. Les balles innombrables, sûres, rapides,
frappant à toutes les distances, sont devenues redoutables. Elles anéantissent l'ennemi bien avant le choc
définitif. Il est passé le temps où l'on enlevait les
positions l'arme au bras et sans tirer un coup de fusil ;
ce temps où, sur 200 mètres de terrain dangereux à
parcourir, une colonne lancée vigoureusement recevait à peine deux décharges. Aujourd'hui toute charge
en colonne est arrêtée par les feux bien avant d'arriver en position. L'ordre dispersé est le seul pratique.
Il est vrai qu'il prête au désordre, à la confusion des
unités, et qu'il amène forcément une désobéissance
involontaire, l'incertitude de la troupe pour reconnaître le chef qu'elle doit suivre, celle du chef qui
peut se trouver entouré de soldats qu'il ne connaît
pas, sur lesquels il n'a que peu d'influence. Mais c'est
là un mal nécessaire. On peut l'atténuer au moyen
d'exercices répétés, de précautions de toutes sortes,
qu'il faut enraciner si profondément dans l'esprit
des chefs et des soldats qu'elles leur deviennent
instinctives.

Tactique de l'infanterie.

Une fois la marche en avant suffisamment préparée

par le feu, l'infanterie doit se porter en avant par bonds successifs, mais en tirant le moins possible. Le feu arrête l'élan ; de plus, il est toujours précipité, partant peu efficace. Il n'y a de bon tir que celui qui est fait posément, sans précipation. Celui qu'exécute dans les courtes haltes une troupe marchant sur l'ennemi est trop éloigné de ces conditions. Enfin on devra se souvenir au dernier moment de l'attaque que le succès final ne s'obtient que par une marche vigoureuse en avant, où, méprisant les feux et bravant le danger, la tête haute, on marche droit à l'ennemi, sans songer à se défiler, et qu'en ce dernier instant il faut en revenir aux pratiques des soldats du premier Empire.

Des feux à grandes portées.

L'expérience a prouvé que les feux aux grandes distances sont très dangereux. Les Prussiens ont beaucoup souffert des balles du chassepot lancées à plus de 1800 mètres par des tirailleurs inconscients.

Il y avait toujours à 1500 mètres environ de nos tirailleurs une zone très dangereuse par la fréquence des balles. Mais dès qu'elle était franchie, on obtenait une sécurité relative.

Quelles que soient les difficultés que l'on éprouve à exécuter avec le fusil un tir aux grandes distances, il est nécessaire d'en régler l'emploi, puisque son efficacité a été nettement constatée par l'expérience. Il n'est pas admissible que l'on se prive d'un moyen d'action puissant et très avantageux, faute de savoir en user.

De la cavalerie.

L'efficacité des feux aux grandes distances a proscrit la cavalerie des champs de bataille, du moins les masses de cavalerie. Déjà, en 1794, Gouvion-Saint-Cyr disait que les grandes masses de cavalerie sont inutiles sur un champ de bataille. Il appuyait son opinion, non point sur l'efficacité des feux, mais sur ce fait que l'instant favorable à la charge est si rapide, si fugitif, qu'il ne peut être saisi que par une petite troupe. Les préparatifs nécessaires pour amener à la charge un grand corps de cavalerie sont si longs qu'ils laisseront toujours échapper cet instant, qui est fugitif comme l'éclair. A l'appui de son opinion, il appelle les faits, et montre un régiment de hussards dont les escadrons isolés ont chargé vingt fois avec succès, là où le régiment entier n'eût pas trouvé une seule occasion. S'il parlait ainsi en 1794, que ne dirait-il pas aujourd'hui, où la longue portée des armes force la cavalerie à se tenir à des distances considérables, ce qui allonge les préparatifs de la charge, qu'il trouvait déjà si longs, et où la justesse des armes peut abattre tout un front de cavalerie avant qu'il soit arrivé sur les lignes de l'infanterie. Trois batailles ont été remarquables par leurs nombreuses charges de cavalerie. Ce sont : Wœrth, Sedan et Rezonville. A Wœrth et à Sedan, la cavalerie française a été totalement anéantie. A Rezonville, une première charge a eu lieu près de Flavigny. Un seul escadron y perd 70 hommes. Plus tard, les cuirassiers de la garde laissent sur le terrain 230 hommes. Les dix escadrons du général Bredow en perdent 379 ; enfin, les dragons de la garde prussienne perdent

136 hommes et 250 chevaux. Ces chiffres sont décisifs.

En revanche, on a remarqué qu'à diverses reprises, des charges de petits groupes isolés ont fort bien réussi. Brusquement enlevées, elles sont arrivées au moment propice et ont enlevé des lignes de tirailleurs surprises par leur subite apparition. Ces faits viennent à l'appui de l'opinion de Gouvion-Saint-Cyr. Il faut donc tirer les conclusions suivantes :

La cavalerie en grandes masses ne se présentera jamais sur les champs de bataille. Elle s'en tiendra éloignée ; elle se méfiera des villages et des bois non reconnus, d'où peuvent partir à l'improviste des feux meurtriers. Elle sera employée aux reconnaissances et aux poursuites. La cavalerie laissée à la disposition des corps d'armée sera fractionnée en petits groupes, de manière à multiplier pour elle les occasions de charger et les moyens de s'abriter.

La cavalerie lancée en avant pour l'exploration ne doit pas perdre de vue que son but est seulement de renseigner, et que cela ne doit le laisser entraîner au combat que si elle doit y trouver des moyens de pénétrer les vues de l'ennemi. Les deux partis étant ainsi précédés par leur cavalerie, il pourra arriver de grands engagements, de véritables batailles, où figurera la cavalerie seule. Les résultats y seront de deux sortes : ce serait d'abord des renseignements sur la position de l'ennemi, et ensuite l'occupation ou la perte de certains points du terrain. Or, comme ces points peuvent être d'une importance, soit stratégique, soit tactique, très grande, il s'ensuit que le généra commandant la cavalerie devra être bien au courant des projets du général en chef, dont il peut seconder ou contrecarrer les vues par ses opérations préliminaires. Le rôle de général commandant la cavalerie sera donc d'une importance extrême : car il pourra par ses opérations préliminaires entraîner l'armée tout entière à sa suite, et, suivant la direction imprimée, assurer ou compromettre le succès des opérations ou même d'une campagne.

De l'artillerie.

Si la cavalerie n'a de l'importance qu'en dehors du champ de bataille, l'artillerie, au contraire, n'a un rôle sérieux que le jour du combat. Les grandes portées qu'elle peut obtenir et la justesse de ces coups ont modifié sa tactique. Avec les canons lisses, la tactique prônée par les livres et confirmée par l'expérience consistait à se rapprocher de l'ennemi le plus possible, et à tirer presque à bout portant, pourvu qu'on fût soutenu par l'infanterie. Devant une attaque, l'artillerie devait laisser froidement avancer l'ennemi, et faire feu à trente mètres de la ligne : et l'expérience constatait le succès presque constant de cette méthode. De concentration de feux, on n'en parlait pas. On avait certes employé de grandes batteries, qui avaient obtenu d'importants succès. Mais chacun des éléments de ces groupes tirait à peu près devant soi. C'était la conséquence nécessaire de la faible portée des armes. Le front d'une batterie de cent pièces ne peut etre inférieur à 1200 mètres. Les canons lisses ne portant avec quelque justesse que jusques à 800 mètres, il fallait, pour que les canons des côtés pussent croiser leurs feux, que la ligne ennemie fût à 600 mètres. Or à cette distance chacun songeait à ce qu'il avait devant soi.

En outre, l'artillerie se déplaçait facilement; car il

lui était aisé de sortir de la sphère du feu quand elle était fatiguée et aisé d'y rentrer quand elle en était sortie. Un déplacement de 200 mètres suffisait pour la faire passer de l'utilité à l'impuissance. Elle devait donc suivre constamment les fluctuations de la ligne de bataille. Le commandant d'une batterie devait toujours avoir les yeux sur les mouvements qui se faisaient autour de lui, soit pour les appuyer, soit pour n'être pas inopinément en danger d'être enlevé. Aujourd'hui tout cela est changé. Nous avons vu dans le cours de cette campagne l'artillerie immobile dans ses positions former la charpente du corps de bataille. Elle ne change de position que pour exécuter de grands déplacements marquant une nouvelle phase dans le développement du combat. Placée sur les hauteurs, elle peut atteindre sans se déplacer presque tous les points de l'horizon. Il sera donc sage de profiter de cette faculté : 1º pour s'établir dans sa position d'une façon solide et presque inexpugnable, 2º pour diriger un feu écrasant sur toutes les parties de l'horizon où l'on aperçoit un danger pressant. Le premier but sera facile à atteindre au moyen de quelques retranchements de campagne, dont nous avons constaté la force considérable. Quant au second, il sera atteint par une sage discipline du feu. Cette discipline sera extrêmement difficile à obtenir. Il n'est pas si aisé qu'on le croit de bien définir le but à atteindre et d'empêcher le feu de se détourner sur un autre. L'ancienne règle qui prescrit d'éviter les feux d'artillerie contre artillerie sera sans doute modifiée par la précision du tir moderne, qui donne des chances considérables de démonter les pièces de l'ennemi. Quant à la distance à laquelle on peut s'approcher de l'infanterie, nous avons vu qu'elle ne peut être

inférieure à 800 mètres, et même à 1000 mètres depuis les derniers perfectionnements des armes à feu.
Ce ne sera que dans des cas très rares que l'on pourra,
comme à Wœrth et à Reischoffen, se rapprocher davantage, mais non sans périls. Cette règle pourra être
modifiée si de nouveaux perfectionnements parvenaient à donner au tir de l'artillerie une grande supériorité sur celui de l'infanterie dans les limites de la
portée du fusil ; et déjà le tir des nouveaux obus à
balles paraît d'une efficacité redoutable et capable
d'éteindre à toutes les distances les feux de l'infanterie

Telles sont les modifications survenues à tous les
éléments de l'art militaire. Sous le rapport de l'organisation générale, il suffit de dire qu'elle doit fournir
un nombre considérable de soldats instruits et les
rassembler sur la frontière dans le moins de temps
possible.

Difficultés du commandement dans les armées modernes.

Voilà, décrites en peu de mots, les propriétés de
l'instrument mis entre les mains du général en chef.
Il est bien supérieur comme efficacité et comme puissance à celui qu'ont manié Alexandre, César,
Turenne et même Napoléon. Il est douteux qu'on en
tire de plus grands effets. Napoléon ne connaissait
que Moreau et lui capables de diriger une armée
de 100,000 hommes, et cependant, un grand nombre
de généraux avaient passé par l'école des petits commandements. Dans les guerres modernes, il pourra
très bien arriver qu'un général en chef ayant plus
de 200,000 hommes à sa disposition n'ait jamais

commandé un corps d'armée devant l'ennemi. Quelle
redoutable responsabilité ! Il lui faudra donc qu'il se
soit formé dans les livres par l'étude incessante des
campagnes des grands capitaines ; il devra s'être fa-
miliarisé dès longtemps avec toutes les données de
ce formidable problème, puisque de la solution qu'il
adoptera dépendra le sort de sa patrie. Heureusement
les principes de la stratégie n'ont pas plus changé que
ceux de la fortification. Ils s'appliquent aux armées
contemporaines comme ils s'appliquaient à celles
d'Épaminondas et d'Annibal. Le rôle du général
en chef, en dehors de la vue de l'ennemi, restera
donc le même ; il n'en sera pas de même sur le
champ de bataille.

Autrefois, la petite portée des armes permettait aux
combattants de s'établir en vue de l'ennemi, tout en
étant en dehors de l'atteinte de ses projectiles. Il
arrivait donc souvent que deux armées campaient
en vue l'une de l'autre. L'observateur pouvait donc se
faire une idée approximative du nombre et de l'em-
placement des forces ennemies. Pendant le cours
même de la bataille, on pouvait observer leurs divers
mouvements, et, si le champ de bataille était suffisamment restreint, avoir une idée assez nette de la position des deux adversaires. Aujourd'hui il n'en est plus
rien. Les combattants, étant tenus à de grandes
distances les uns des autres, ne peuvent plus être
aperçus qu'au moment même où ils entrent en action ;
deux armées qui sont aujourd'hui complètement
invisibles l'une à l'autre ouvriront leur feu peut-être
demain aux premières lueurs de l'aube ; et l'on a vu
plus d'une fois ne connaître la présence de l'adver-
versaire que par les obus qu'il envoyait. Il y a donc
impossibilité pour le général en chef de se forme

de visu une idée des forces et des dispositions de
l'ennemi. Il ne pourra se guider sur les renseignements recueillis de toutes parts ; mais la bataille seule
pourra détruire en partie les incertitudes qui lui
restent. Or, cette bataille, il ne peut en saisir qu'une
partie. Il ne connaît la position exacte de tous les
corps que bien avant dans la soirée ; à plus forte
raison connaîtra-t-il plus tard encore les dispositions
de l'ennemi.

Le général en chef moderne n'a donc pas les facilités qu'avait Napoléon pour juger du développement
de la bataille et pour imaginer des contre-manœuvres
produisant ce que Napoléon appelait des coups de
théâtre au sein de la bataille. S'il a à déplacer des
réserves, à les porter sur un point décisif, il ne pourra
le faire quelquefois que fort tard, et celles-ci, ayant
un chemin considérable à faire, arriveront plus tard
encore. Il est donc à présumer que les batailles seront
plus longues qu'autrefois, et même que les manœuvres
décisives qui se produisaient autrefois dans la soirée
n'auront lieu désormais que le lendemain. Il faut
cependant reconnaître que les grandes batailles de
Gravelotte et de Sedan n'ont pas duré moins d'une
journée entière. Mais cela n'était-il pas dû à la supériorité numérique des Prussiens, à l'absence de notre
général en chef, à son parti pris de reculer ? Les
batailles de la deuxième armée de la Loire et celles
de l'Est ont toutes duré plusieurs jours consécutifs.

Importance capitale de la considération de la densité du front.

Le général en chef n'ayant plus les mêmes facilités
qu'autrefois pour juger de son adversaire devra donc

être trop prudent. Il devra se conformer au précepte qui lui ordonne de se demander cent fois le jour : Si l'ennemi apparaissait sur mon front, sur mon flanc droit, sur mon flanc gauche, sur mes derrières, quelles mesures prendrais-je ? Il devra constamment se rendre compte de ce qu'il peut faire. La considération de la densité du front sera pour lui un secours puissant. Car elle lui fournira des données numériques qui lui indiqueront nettement ce qu'il peut et ce qu'il ne peut pas faire ; l'étendue qu'il peut occuper pour la défense, l'étendue du front qu'il peut attaquer. Quelle que soit la question qu'il se pose, puis-je attaquer dans telle circonstance, puis-je me défendre dans telle autre ? La densité du front lui fournira une réponse précise et d'autant plus certaine qu'elle n'est fournie par aucune donnée théorique, qu'elle n'est point basée sur de purs raisonnements abstraits, toujours incertains, mais sur les données solides et inébranlables de l'expérience.

Les derniers chapitres de l'ouvrage allemand contiennent, sur le fonctionnement des divers services, tels que recrutement, postes, télégraphes, services de santé, munitions, un grand nombre de renseignements numériques sur lesquels il nous a paru inutile d'insister. Ils peuvent servir de base pour calculer ce qui est nécessaire à une armée en campagne, mais ces détails regardent plus spécialement la préparation à la guerre et nous n'avons pas cru devoir en parler ici.

FIN DU TROISIÈME VOLUME.

TABLE DES MATIÈRES

Paris — Imprimerie de L. Baudoin et Cⁱ, rue Christine, 2.

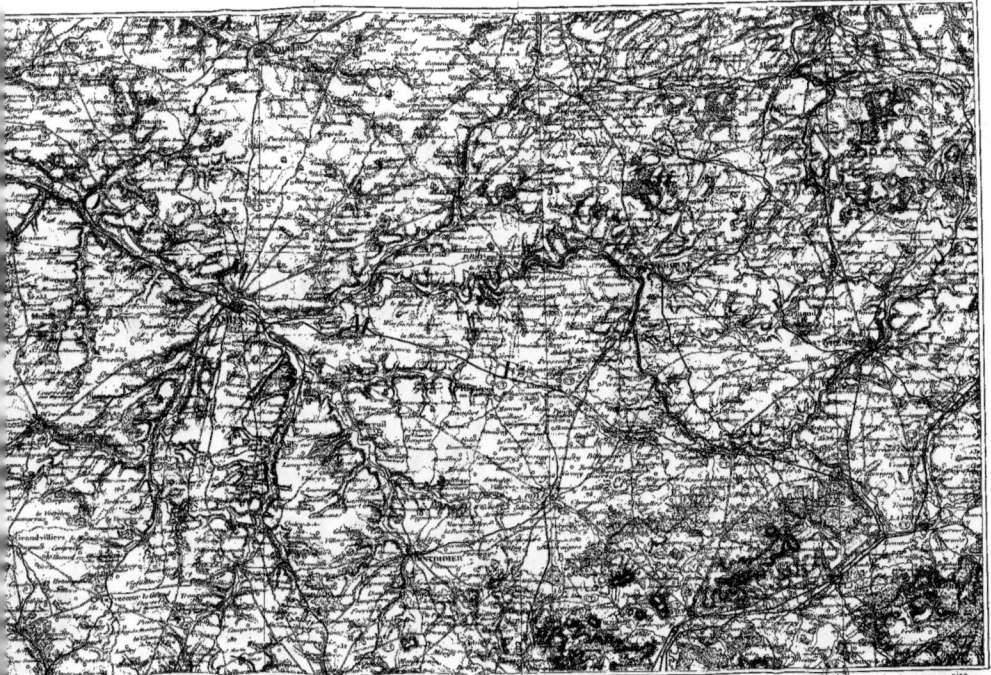

Carte d'Etat-major au ⅟₈₀.₀₀₀

Echelle de 1:320.000

Imp. Lemercier et C.ᴵᵉ Paris

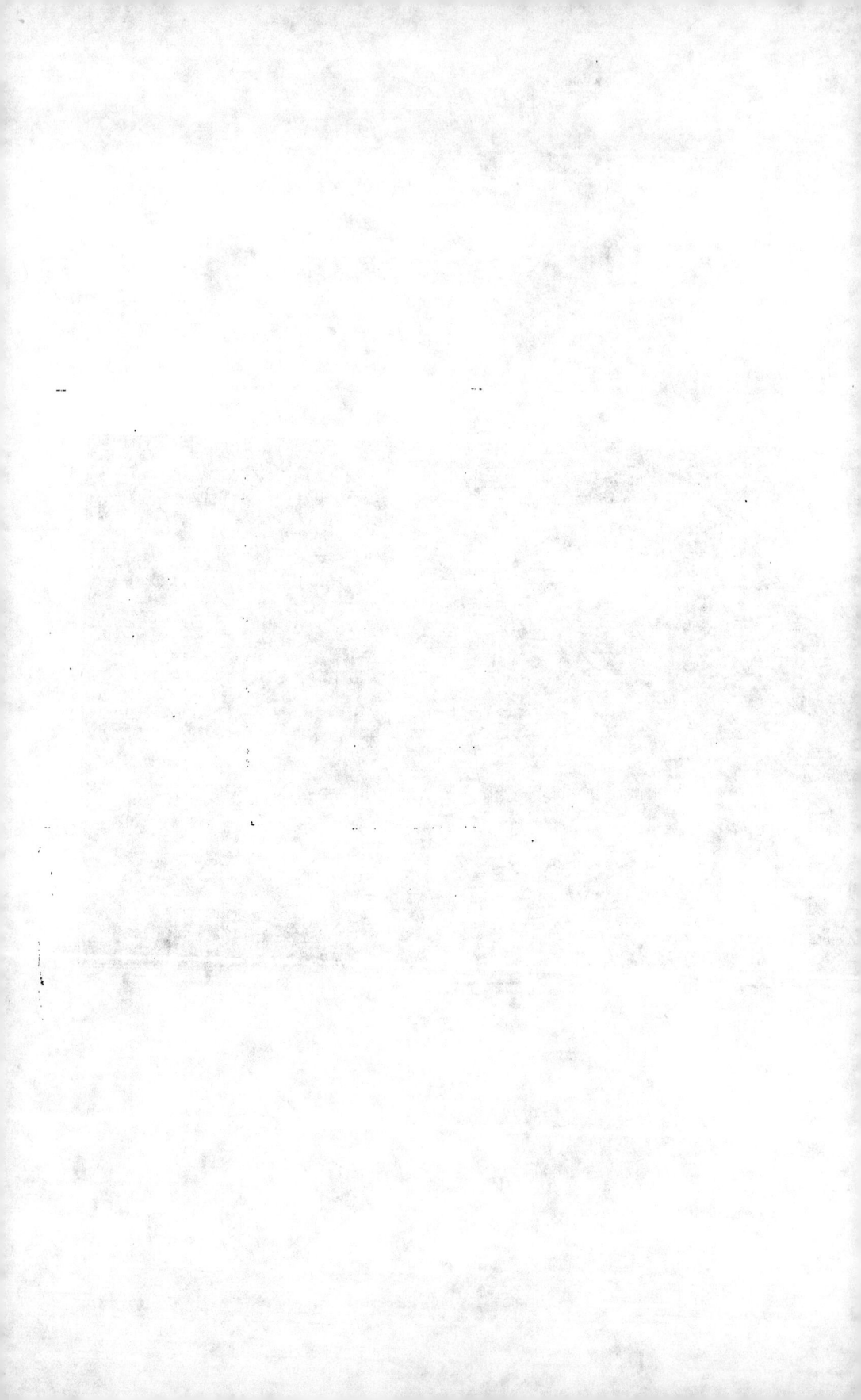

BAPAUME

Échelle de 1:80.000

PÉRONNE

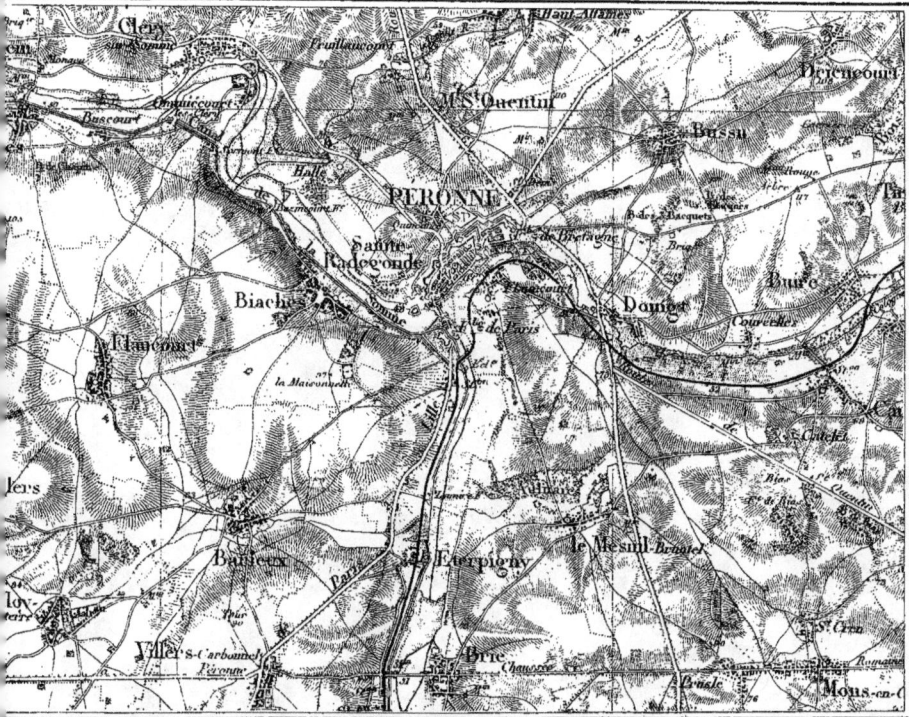

de la Carte d'Etat-major au $\frac{1}{320,000}$

Imp. Lemercier et Cie Paris.

Echelle de 1:80.000

Kil. 10   5   0   1 Myr

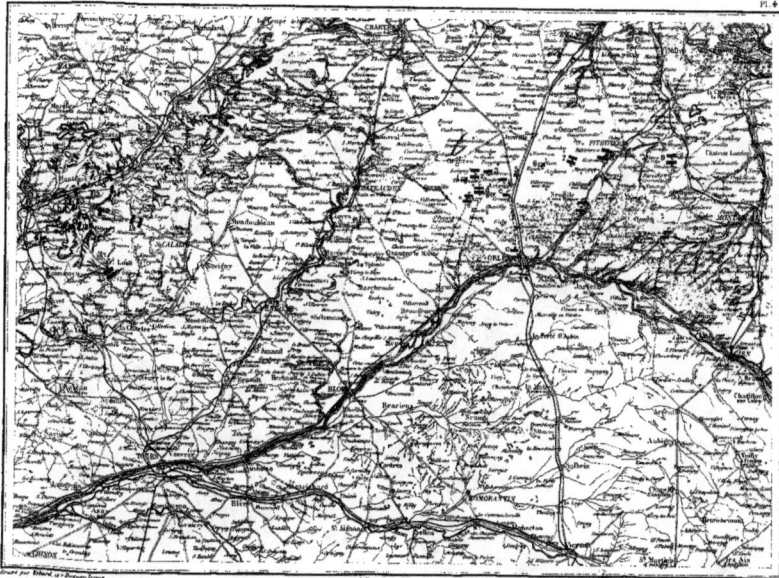

Opérations contre Le Mans. Positions des armées le 10 Janvier 1871 au soir.

J. Dumaine Editeur

Opérations des Allemands contre Orléans. Positions des armées, le 2 Décembre, 1870 au soir.

Échelle à 640.000

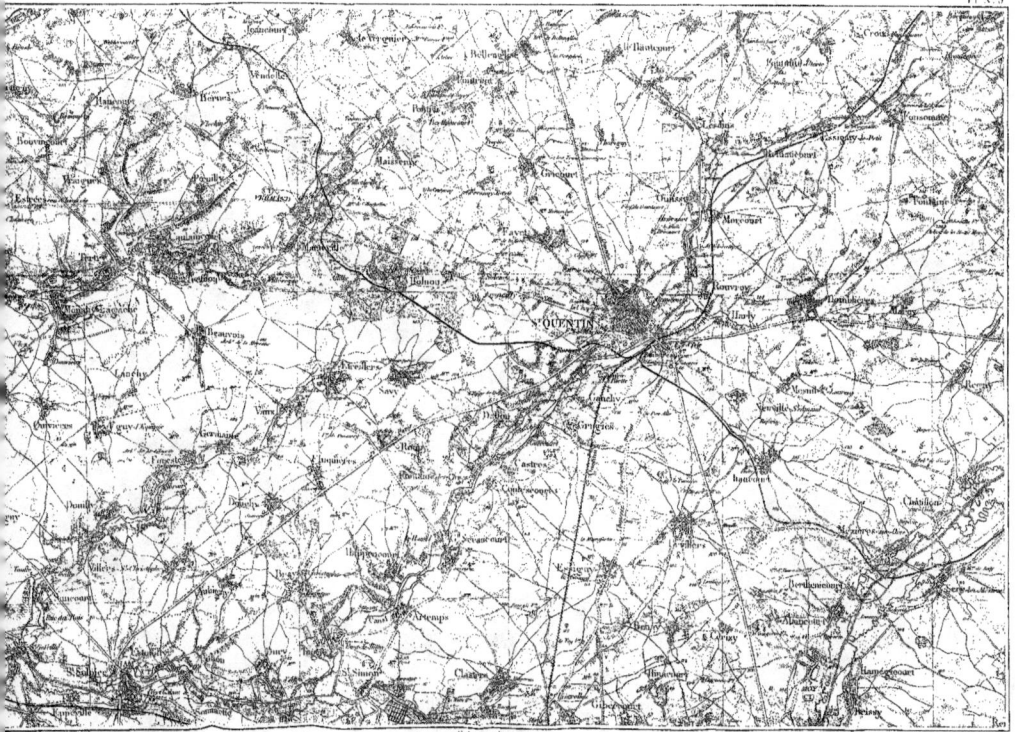

Echelle de 1:80.000

la Carte d'État major au ¹⁄₈₀.₀₀₀

Échelle de 1:80,000

Imp. Lemercier et Cⁱᵉ Paris.

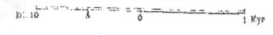

www.ingramcontent.com/pod-product-compliance
Lightning Source LLC
Chambersburg PA
CBHW070806270326
41927CB00010B/2313